DANS LA MÊME COLLECTION

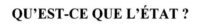

QU'EST-CE QUE L'ÉTAT ?

COMITÉ ÉDITORIAL

CHEMINS PHILOSOPHIQUES

Collection dirigée par Roger POUIVET

A. CAMBIER

QU'EST-CE QUE L'ÉTAT ?

Paris
LIBRAIRIE PHILOSOPHIQUE J. VRIN
6, place de la Sorbonne, V^e
2004

Claude Lefort, *L'invention démocratique*
© Librairie Arthème Fayard, 1981

© *Librairie Philosophique J. VRIN,* 2004

Imprimé en France

ISBN 2-7116-1691-6

www.vrin.fr

L'ÉTAT DÉMYTHIFIÉ

INTRODUCTION : UNE NOTION SOUS TENSION

Quel paradoxe que l'État qui se présente comme l'invention la plus humaine et qui peut cependant être perçu comme une entité menaçante et monstrueuse ! Faut-il que cette notion soit l'objet de tant de malentendus pour qu'elle requiert encore éclaircissements et examen critique de ses différentes acceptions ? Si l'homme est bien un animal politique, il semble aller de soi qu'il ne puisse s'épanouir comme tel que dans le cadre de l'État. Car rien n'apparaît pire pour un être humain que de se retrouver sans citoyenneté. La *Déclaration des droits de l'homme et du citoyen* de 1789 n'a pas hésité à articuler fermement ensemble les droits de l'homme et ceux du citoyen, comme si l'appartenance citoyenne d'un individu à un État était aussi la condition de l'accomplissement de son humanité. Quant à ceux qui, en Europe, se retrouvèrent – entre les deux dernières guerres mondiales – apatrides ou furent victimes de politiques de «dénationalisation» massive, ils vécurent l'enfer des «sans-État». Quand des êtres humains se retrouvent privés d'État, nulle autre autorité ou institution ne semble alors en mesure de garantir leurs droits élémentaires[1].

L'État est le fruit de l'aspiration des êtres humains à maîtriser eux-mêmes leur vie collective. Il se présente comme un produit de l'art politique, comme l'une des réponses possibles aux problèmes que pose une vie en communauté. Son édification est concomitante de la prise de conscience par l'homme de ses capacités propres et de son aptitude à se gouverner lui-même. L'invention de l'État illustre la révolution humaniste de l'immanence qui consiste à ne puiser que dans nos propres forces les moyens politiques du vivre en commun, pour nous épanouir à la fois ensemble et chacun. Pourtant, il appert que l'État peut également devenir le symbole de l'aliénation et le symptôme d'une déshumanisation. Il s'autorise alors d'une nouvelle transcendance, en prenant les traits monstrueux d'un être hybride et mystérieux : celui d'un «Dieu mortel» irrésistible[2]. Bien plus, sous sa forme totalitaire, il cautionne «un système dans lequel les hommes sont de trop»[3]. Une telle ambivalence laisse perplexe, mais elle met en évidence les tensions internes que la notion recèle.

L'État et le droit sont consubstantiels

Dans son acception la plus spécifique, l'État se veut une forme d'organisation de la collectivité dont le principe est la réalisation du droit. L'État est la physionomie que prend une communauté humaine lorsqu'elle se retrouve unifiée par des lois juridiques. En ce sens, l'État n'a pas toujours existé : il n'est pas possible de le confondre avec d'autres formes d'organisation de la collectivité humaine telles que

---

1. H. Arendt, «Sur la complexité des droits de l'homme» dans *L'Impérialisme*, Paris, Fayard, 1982, p. 288.

2. Telle est l'expression utilisée par Hobbes pour désigner l'État dans le *Léviathan*, Paris, Sirey, 1983, p. 178.

3. H. Arendt, *Le Système totalitaire*, «Points-Essais», Paris, Seuil, p. 197.

les tribus, les cités, les empires, les régimes féodaux, etc. À moins d'occulter ce qui constitue son originalité profonde, il faut admettre qu'il s'agit ici d'une réalité historique spécifiquement moderne, c'est-à-dire apparue à la fin du XVIe et au début du XVIIe siècle : le Traité de Westphalie, en 1648, en aurait produit l'acte de naissance officiel. Du point de vue conceptuel, sa différence spécifique tient dans sa consistance juridique, au point qu'un rapport de consubstantialité semble nécessairement s'établir entre l'État et le droit : la formule « État de droit » serait donc de nature pléonastique. Par ce truchement du droit, l'État se présente comme une structure de pouvoir normée juridiquement qui présente l'avantage d'être à la fois indépendante de ceux qui en ont la charge et dotée de permanence. Un État renvoie à une manière d'être stable, dont la durabilité n'est cependant pas réalisée naturellement, mais garantie par une instance normative qui assure la cohésion entre ses éléments. Ainsi, à la différence d'un état naturel ou d'un état de fait, la stabilité de l'État n'est pas assurée de manière spontanée, puisqu'elle reste suspendue au respect de normes juridiques. L'imputation de responsabilité civique, par le biais de la loi, vient ici contraindre l'individu à s'arracher à ses penchants naturels. L'État peut donc être défini comme l'autorité souveraine s'exerçant au nom de la loi, sur l'ensemble d'un peuple et d'un territoire déterminés. Son obsession de faire respecter jalousement ses frontières révèle que l'État se caractérise par une unité objective, matériellement discernable. Mais l'État suppose également la conscience réfléchie de son unité et de son être collectif, c'est-à-dire qu'il présuppose une unité subjective que l'on a pu appeler « nation ». Doté de cette double unité, l'État se veut un anti-chaos et s'inscrit dans la durée. Le célèbre apophtegme du temps de la monarchie absolue, selon lequel « le roi ne meurt jamais en France », illustre ce souci de la continuité de l'État. Au nom de la couronne, le pouvoir politique prétendait alors ne plus se réduire à son incarnation individuelle. Cette exigence culmine dans la notion de « république » qui signifie que l'être abstrait de la chose publique doit servir de référence à toute initiative. Si la puissance publique est la clef de voûte de l'État, celui-ci ne trouve son plein accomplissement que dans la république. Dans l'espace public institutionnalisé, les citoyens sont ainsi reconnus égaux devant la loi : l'État prétend réaliser un idéal d'isonomie. Le chef d'État s'inclut lui-même dans un ordre qui le dépasse et qu'il est censé représenter. Il incarne une idée : Burdeau a défini l'État comme la force au service d'une idée[1], en l'occurrence ici l'idée qu'un peuple se fait de lui-même. Les hommes auraient donc inventé l'État pour ne plus se soumettre à d'autres hommes. La citoyenneté permet de dépasser le clivage traditionnel entre la maîtrise et la servitude. En intériorisant le sens de la communauté dans l'individu, la citoyenneté s'assure des droits dans la mesure où elle assume des devoirs. L'instauration de l'État signifie la fin du temps de la licence, mais inaugure le temps de la liberté comme autonomie. Ce normativisme juridique est censé s'imposer à tous les niveaux. Car l'État ne doit pas son originalité à la seule exigence de s'en tenir au pouvoir de la loi : il représente également une forme de pouvoir dont l'exercice est circonscrit lui-même par la loi. L'État ne se contente pas alors d'assurer l'ordre social par les lois civiles et pénales, puisqu'il se veut lui-même régi par des lois fondamentales, c'est-à-dire par un cadre constitutionnel normatif. C'est pourquoi, l'État se veut à l'abri de tout abus de pouvoir personnel : il inaugurerait la souveraineté du droit. Cependant, considérer l'État comme un pur système de normes relève encore d'une approche trop restrictive.

L'État est avant tout une réalité politique

Dans une acception plus large, l'État désigne une société humaine organisée selon un principe politique. Le terme d'État est apparu comme l'équivalent du mot latin *civitas* que

---

1. G. Burdeau, *L'État*, Paris, Seuil, 1970.

les juristes du XVIIe siècle préféraient à *respublica*. Pufendorf employait constamment le mot *status* comme synonyme de *civitas* et en faisait un symbole de puissance : « C'est de cette union de volontés et de forces que résulte le Corps politique qu'on appelle un État, et qui est la plus puissante de toutes les sociétés et de toutes les Personnes morales »[1]. La dimension juridique de l'État présuppose elle-même son caractère politique. Sous cet aspect, l'État apparaît comme une modalité de l'exercice du pouvoir. L'État a beau présenter une originalité spécifiquement moderne, il n'est encore que la structuration, à nouveaux frais, d'une logique politique de puissance. La persistance en son cœur d'une relation de commandement et d'obéissance a été particulièrement soulignée par Max Weber : « L'État consiste en un rapport de *domination* de l'homme sur l'homme fondé sur le moyen de la violence légitime (c'est-à-dire sur la violence qui est considérée comme légitime) »[2]. Il serait naïf d'occulter ce caractère de l'État, qui traduit sa nature politique : il colle à la notion depuis son usage dans la langue moderne. Introduite officiellement par Machiavel[3], l'expression « *lo stato* » ne possède pas du tout le sens juridique auquel nous voulons parfois le limiter, mais désigne bien une relation de puissance. Le terme ne permet encore, chez lui, que de rendre compte d'une position de pouvoir[4]. Etymologiquement, *status* désigne une posture, une

1. Pufendorf, *Droit de la nature et des gens*, livre VII, chap. 2, § 5, selon la traduction de Barbeyrac.

2. M. Weber, *Le Savant et le politique*, Paris, Éditions 10/18, p. 101.

3. Cf. *Le Prince*, chap. 1, dans *Œuvres complètes*, « Bibliothèque de la Pléiade », Paris, Gallimard, 1952, p. 290 : « Tous les États, toutes les seigneuries qui eurent et ont un commandement sur les hommes, furent et sont ou Républiques ou Principautés ».

4. « Le mot était d'usage courant dans la littérature politique du XVe siècle pour désigner le pouvoir d'un homme ou d'un groupe à la tête de la cité. Ainsi parlait-on du *stato de' Medici*. C'est dans ce sens d'autorité, de prééminence, circonscrit au *sujet* du pouvoir, que Machiavel l'emploie le plus souvent. L'expression *mantenere lo stato*, pour le prince, est alors synonyme de *se*

attitude, l'action de se tenir dans la position du combattant. Le terme connote l'idée de fermeté avant même celle de durabilité. Dès le Moyen Âge, le mot *status* est utilisé pour indiquer une position sociale éminente. Si la notion d'«*estat*» a précédé celle d'État, elle désignait d'abord un groupe social détenant une position de pouvoir et se distinguant d'autres groupes sociaux. La réunion de ces groupes formait les «*Estats*» d'une province ou d'un royaume[1]. Loin d'avoir abandonné cette marque de puissance, l'État moderne s'est construit en dépossédant les *estats* de leurs propres pouvoirs et en concentrant le sien. Comme le fait remarquer Max Weber : «Partout le développement de l'État moderne a pour point de départ la volonté du prince d'exproprier les puissances «privées» indépendantes qui, à côté de lui, détiennent un pouvoir administratif, c'est-à-dire tous ceux qui sont propriétaires de moyens de gestion, de moyens militaires, de moyens financiers et de toutes sortes de biens susceptibles d'être utilisés politiquement»[2]. Plutôt que de mettre fin à la logique de puissance, l'État moderne la centralise et la rend plus efficace, afin d'opérer la gestion politique de la société. Pour maintenir son unité objective, l'État use nécessairement d'un appareillage spécifique, constitué d'un gouvernement, d'une administration, d'une armée et d'une police. Il fait de la gestion politique sa spécialité. L'appartenance à une communauté peut être établie sur des critères autres que politiques : une Église, par exemple, renvoie à un rassemblement de fidèles organisé selon des principes religieux. En revanche, une société dont l'ordre est tributaire d'un pouvoir spécifiquement politique est appelée État. La relation incontournable que l'État entretient avec la politique explique le malentendu

---

mantenere nel suo stato – "se maintenir dans sa position"», M. Senellart, *Les Arts de gouverner*, Paris, Seuil, 1995, p. 212.

   1. Cette signification que le mot *estat* a prise fut longuement conservée en français dans des expressions comme *États généraux*, *Tiers État*, et correspond à l'allemand *Stand*.

   2. M. Weber, *op. cit.*, p. 107.

qui peut exister dans la façon dont certains ont utilisé la notion, en lui donnant un champ d'application très large. On a voulu désigner alors par ce terme toute société organisée autour d'un pouvoir politique censé garantir sa cohésion et sa sécurité. Ainsi, la cité antique fut parfois appelée État, alors que sa structure politique se révèle très différente de l'État-nation. Traduire les termes de *Polis* ou de *civitas* par État constitue un anachronisme, puisque le concept d'État n'existait pas dans l'Antiquité. Mais au-delà de cet abus, la notion prise dans le sens large d'une entité géo-politique peut cependant désigner une réalité protéiforme : un État est appelé comme tel indépendamment de la nature du régime, même s'il ne correspond pas aux normes plus restrictives de l'État de droit.

L'État exposé au vertige de la puissance

Le mot même d'État fait écho à l'expression latine d'usage plus ancien « *status rei publicae* », mais alors que celle-ci ne renvoie encore qu'à une « forme de gouvernement », l'État cesse de vouloir dire « forme » ou « espèce » ou encore « l'un des états possibles » de la chose politique, pour désigner l'unité politique d'un peuple qui peut subsister au delà non seulement des avatars des gouvernements, mais aussi de la variation des formes de gouvernement. Ainsi, en tant qu'entité politique, l'État peut tolérer des formes de gouvernement très différentes. Les Grecs s'étaient déjà interrogés sur la nature de la tyrannie : s'agissait-il d'un anti-modèle de la *Polis*, ou plutôt de l'hyperbole des excès dans l'exercice du pouvoir politique ? Croire que ce type de régime politique incarnant l'arbitraire ne pourrait provenir que d'un lointain exotique maladroitement importé peut certes donner bonne conscience, mais revient à occulter le fait qu'il constitue un risque que fait courir toute relation de pouvoir. Comme toute autre configuration du pouvoir politique, l'État peut donc y être confronté. Certains attributs saillants de l'État semblent même favoriser une telle confrontation. Ainsi, Hobbes affirmait : « Le nom de tyrannie ne signifie rien de plus, ni rien de moins, que celui de souveraineté »[1]. En établissant une équivalence entre ces deux termes, Hobbes ne faisait que reconnaître une fois de plus la logique de puissance sur laquelle repose l'État. De même, le despotisme est présenté, par Montesquieu, comme un régime situé aux confins du monde, dans un Orient mythique : cet éloignement serait le symbole de sa démesure. Pourtant, il faut reconnaître que le despotisme n'est, pour lui, une illusion géographique que dans la mesure où il est une allusion historique : ce despotisme qui semble si exotique n'est encore que la face cachée de la monarchie absolue qui domine la France de son époque. Ainsi, rien ne serait plus proche que ce lointain exotique dans lequel il faudrait voir la caricature de Versailles. Il nous faut donc admettre que le caractère politique de l'État peut venir contrecarrer ses prétentions juridiques. Il serait, en effet, risqué d'établir *a priori* une démarcation radicale entre l'État qui se prétend de droit et ces autres types de pouvoirs politiques considérés comme autant de monstres régnant sur quelque enfer exotique, hier hanté par des tyrans sanguinaires, aujourd'hui encore par des Cerbères totalitaires. Ce geste de démarcation n'aurait pour fin que de rejeter, dans un « ailleurs », ce qui demeure l'inavouable de tout pouvoir d'État : la part de violence qu'il recèle et qu'il sublime plus ou moins bien. Il suffit de recourir à des exemples incontestables de situations limites : l'État français lui-même peut-il se sentir étranger à ce qui s'est passé sous le gouvernement de Vichy ? Faut-il considérer cette triste période historique comme une parenthèse dans laquelle l'État français ne serait pas impliqué ? Qu'en est-il alors de la fameuse continuité de l'État ? Bien plus, le droit lui-même peut se révéler un instrument de la puissance. Au XXe siècle, la barbarie a surgi au cœur de l'Europe : elle a non seulement accédé légalement au pouvoir en Allemagne, mais a prétendu instaurer sa propre légalité. Il ne servirait à rien d'opérer

---

1. Hobbes, *op. cit.*, Révision et conclusion, p. 717.

la dénégation de ces ambiguïtés : à ce jeu, nous nous condamnerions à ne traiter que de l'État idéal ou utopique. Pour se garantir de telles dérives, encore faut-il reconnaître que l'État n'est pas *a priori* immunisé contre elles. L'acception politique du mot présente, à tout le moins, l'intérêt de ne pas exclure cette tension dont tout État est nécessairement porteur entre d'une part, sa quête de puissance, et d'autre part, l'impératif de justice. La notion d'État entretient des tensions internes irréductibles conduisant à des apories incontournables. S'il est vrai, par exemple, que l'État se définit comme représentant la puissance publique, il faut rappeler que la société humaine est aussi constituée d'une sphère privée. Certes, celle-ci ne semble pouvoir disposer d'une relative autonomie que dans la mesure où elle peut bénéficier de la protection de la sphère publique. Mais l'émergence – à partir du XVIIᵉ siècle – d'une société civile se distinguant à la fois de la famille et de l'État a changé les données du problème, puisqu'elle est devenue le symbole de la liberté et l'État celui des limites à lui imposer. Bien plus, l'État offre un double aspect : il prétend représenter le tout de la société et apparaît en même temps comme une excroissance de celle-ci. Certes Hegel avait à la fois souligné ce paradoxe et tenté de le surmonter : «Par rapport aux sphères du droit privé et du bien privé, de la famille et de la société civile, l'État est d'une part une nécessité extérieure et une puissance supérieure, à la nature de laquelle sont subordonnés leurs lois et leurs intérêts et dont ils dépendent. Mais, d'autre part, l'État est aussi leur but immanent et trouve sa force dans l'unité de son but final universel et des intérêts particuliers des individus »[1]. Or, l'hypertrophie de la société civile – tant par l'approfondissement des relations qu'elle favorise que par leur extension internationale – rend obsolète l'idéal d'une telle unité. Bien plus, un système qui réduit les marges de manœuvre de la

---

1. Hegel, *Principes de la philosophie du droit*, § 261, Paris, Vrin, 1986, p. 265.

sphère privée en voulant la soumettre directement à l'autorité
de l'État est vite accusé de penchants totalitaires. Ce hiatus
entre société civile et État révèle également les limites de
l'idéal de stabilité que l'État oppose au devenir même d'une
collectivité. Face à une société civile qui s'impose comme le
règne de l'initiative constante, comme la source principale
des innovations, comme le ferment des contestations, l'État
se retrouve souvent en porte-à-faux. Alors que celle-là
démultiplie son pouvoir de différenciation, celui-ci tente
d'homogénéiser, mais en même temps risque de se couper de
l'effervescence qui anime la sphère privée. L'intérêt de la
société civile et celui de l'État semblent alors voués à s'écarter
l'un de l'autre. En s'arc-boutant sans concession sur les
principes qui le fondent, l'État risque paradoxalement de se
vider de sa substance.

Logique d'inclusion et logique d'exclusion

Traversé par une logique de puissance, l'État recèle des
paradoxes encore plus profonds, propices à tous les quipro-
quos sur sa nature. D'une part, son édification vise à garantir la
paix dans un espace délimité par des frontières précises ; mais,
d'autre part, il se retrouve en situation de concurrence, sur le
plan international, avec les autres États. Jaloux de sa souveraineté, il tend à considérer tout autre État comme un ennemi
potentiel. Certes, il favorise la paix entre les concitoyens, mais
il demeure encore une source de conflits entre les hommes.
En premier lieu, il apparaît irénogène, au sens où il vise, par
principe, au maintien de la paix sur son territoire. Cependant,
il est lui-même polémogène, puisqu'il induit des rapports
agonistiques avec les autres États. L'État est aux prises avec
deux logiques contradictoires : l'une d'inclusion, l'autre
d'exclusion.

L'État repose sur une logique d'inclusion, qui vise à mettre
fin à l'anarchie dans laquelle les hommes semblent spontanément se complaire. En ce sens, il fait œuvre de raison, c'est-

à-dire contient les passions qui aveuglent les hommes et leur font perdre le sens de la mesure. En leur garantissant un espace commun d'intégration, le but de l'État est de surmonter les forces centrifuges qui poussent les hommes à se défier de leurs congénères. Il s'agit bien de mettre fin à la violence qui risque sans cesse d'éclater dans les rapports entre les individus. Les hommes ne sont pas spontanément des êtres raisonnables : dès qu'ils se trouvent confrontés les uns aux autres, la rivalité du désir les conduit à la violence destructrice. En revanche, l'État distribue les rôles et les places dans la société – telle est la fonction, par exemple, de l'état civil – et permet à chacun de s'extirper du magma informe. L'État assure le passage de *l'immanitas* à l'*humanitas*. Même si l'évocation de l'état de nature n'est souvent qu'une fiction, elle sert – tout au moins chez Hobbes – à se représenter ce qui attendrait les hommes sans le secours de l'État. Il suffit de constater les conséquences, dans notre monde contemporain, de l'effondrement de certains États pour mesurer le degré de dégradation des rapports humains qui en résulte : la violence archaïque reprend alors le dessus et les exactions ethniques se multiplient. Historiquement, l'édification de l'État moderne est apparue, en France, comme le remède aux guerres civiles qui opposaient catholiques et protestants et ruinaient le pays. L'accession au trône de France d'Henri IV fut considérée, en 1594, comme le « sacre de l'État » : il proclama alors qu'en toutes circonstances, il rechercherait « la conservation de l'État ». De même, en luttant contre les factions – celles des Grands ou des Huguenots –, ou en signifiant aux nobles le devoir de verser désormais leur sang à la guerre pour le service du roi, plutôt que de le répandre inutilement dans les duels, Richelieu s'inscrivait dans la logique de l'État et réalisait l'unité du royaume. Ainsi, tout État vise à éliminer l'inimitié intérieure afin de garantir la cohésion de la collectivité. L'État se veut donc un formidable opérateur d'unification : grâce à lui, la multitude désordonnée des individus que l'on a volontiers présentée comme une sorte d'hydre à mille têtes, formerait un peuple-un.

Cependant, pour atteindre ses objectifs, l'État recourt lui-même à la contrainte, voire à la force. Aussi faut-il reconnaître qu'il repose également sur une pédagogie violente qui implique une logique d'exclusion. Celle-ci opère à plusieurs niveaux : d'une part, elle vise à mettre hors jeux ceux qui entravent l'action de l'État ; d'autre part, elle tend à garantir l'unité du peuple, par opposition aux peuples étrangers et aux autres États. La logique d'incorporation de l'État va de pair avec la menace d'exclusion de ses membres récalcitrants. Comme le disait Hobbes, les lois ne sont que des mots (*words*) sans le pouvoir du glaive (*sword*)[1]. À moins de se condamner à l'inefficacité, l'État ne peut faire l'économie de ce principe de puissance qui lui permet de mettre hors circuit ceux qui bafouent la loi et nuisent à l'ordre public. L'État peut exercer lui-même une certaine cruauté qui se veut salutaire pour l'unité de la collectivité. À travers le châtiment et parfois jusqu'à la destruction du trublion, l'affirmation de la puissance de l'État concourt à donner au droit une réalité effective. Ainsi, la monarchie absolue fit de la pratique du supplice une démonstration publique de sa toute puissance. Cette logique s'exacerbe particulièrement autour de la notion de souveraineté. Celle-ci signifie d'abord qu'une société organisée politiquement ne peut être subordonnée : quand elle s'est dotée d'un principe de commandement politique légitime, qui lui assure la cohérence et l'ordre, une collectivité prétend autodéterminer son destin et ne peut souffrir qu'une puissance extérieure remette en question son autonomie. La souveraineté cristallise la volonté autotélique de l'État. Mais par là même, culmine la logique d'exclusion de l'État, car elle signifie que celui-ci ne peut s'imposer qu'en s'opposant aux autres États. L'ennemi nous limiterait et en même temps nous fonderait. La nation peut certes se présenter comme un facteur d'intégration, mais elle renforce tout autant cette logique d'exclusion :

---

1. « Les conventions, sans le glaive, ne sont que des paroles (*Covenants are but words without the sword*) », Hobbes, *op. cit.*, chap. XVII, p. 173.

l'étranger est considéré comme un ennemi potentiel. L'hostilité entre les États apparaît donc comme le corollaire de la revendication de souveraineté. La logique d'exclusion conduit ici inéluctablement à une logique de guerre. Ainsi, les États s'efforcent de faire disparaître toute inimitié intérieure entre leurs propres citoyens, mais ils semblent entretenir nécessairement une inimitié chronique entre les hommes, en plaçant en situation inéluctablement concurrentielle, sur la scène internationale. L'ennemi disparu à l'intérieur est rejeté à l'extérieur. Aussi, avec l'État, le problème de la violence entre les hommes paraît avoir été déplacé, plutôt que réellement surmonté. Comme dit Ricœur : « Peut-être le mystère de l'État est-il en effet de limiter le mal sans le guérir, de conserver le genre humain sans le sauver ; l'institution de cet État n'en devient que plus énigmatique »[1]. L'intention qui anime l'État est bien de mettre fin à une instabilité mortelle dans les rapports humains et, en ce sens, il contribue à les pacifier. Mais à l'intérieur de son territoire, cette volonté de pacification peut conduire à des effets pervers, au point que l'État passe alors pour un simple appareil de répression. Quant à l'extérieur, les rapports polémiques que l'État entretient avec ses pairs le mettent à la merci d'une instabilité qui peut lui être fatale.

L'État n'a pu s'imposer comme forme spécifique d'organisation de la collectivité humaine qu'à partir du moment où l'autonomie de l'action politique fut reconnue. Or, Machiavel est bien celui qui s'est efforcé de penser, d'une manière radicalement novatrice, l'autonomie de la pratique politique, par rapport aux autres activités humaines comme la morale ou la religion. Nous pouvons voir en l'État l'institutionnalisation de l'autonomie de la politique. La politique est d'abord une expérience phénoménale directement induite de notre « être ensemble » : elle suppose le courage de s'exposer au milieu des autres par la parole ou par l'action, et d'affronter les rapports

---

1. P. Ricœur, « État et violence » dans *Histoire et vérité*, Paris, Seuil, 1955, p. 251.

de forces, au sein d'une collectivité. Or avec l'État, nous passons d'une expérience phénoménale de la politique à l'institution du politique. Par ce glissement, les hommes ont gagné la reconnaissance officielle d'un type spécifique de traitement des problèmes de la vie collective qui apparaît comme l'une de leurs conquêtes les plus précieuses, mais le risque est alors de faire croire que désormais l'action politique s'identifierait et se réduirait à celle de l'État. Dans la rigidité de l'institution, la pratique politique perd alors sa fluidité inventive. De plus, l'institutionnalisation de la politique ne suffit pas à exorciser les démons de la puissance à laquelle cette pratique est nécessairement confrontée, en raison même de son enracinement dans les rapports de forces qui taraudent toute vie sociale. L'institutionnalisation de la politique par l'État correspond donc plutôt à l'institutionnalisation d'une logique de puissance : celle-ci y apparaît paradoxalement à la fois régulée et démultipliée. C'est pourquoi la reconnaissance de tiers, c'est-à-dire le recours à des autorités arbitrales ou à des puissances médiatrices, aussi bien au dedans qu'au dehors de l'État, se révèle nécessaire pour asseoir sa légitimité, au-delà même de son propre légicentrisme.

I. ÉTAT DE DROIT ET SOUVERAINETÉ

La particularité de l'État consiste à faire du droit la substance même de son pouvoir. Avec lui, la loi positive apparaît au principe de l'organisation sociale. Le droit fait passer l'homme du règne des forces au monde des formes qui a pour tâche d'euphémiser la violence naturelle des hommes. Il inaugure un espace normé, étalonné : en établissant des repères qui permettent de discriminer le licite et l'illicite, il met fin à l'indétermination chaotique. S'il est vrai que dans l'État, nul n'est censé ignorer la loi, alors les effets des conduites apparaissent prévisibles et évaluables. En substituant à l'ordre des faits celui des valeurs, le droit permet de juger les entreprises humaines, dans un monde désormais différencié. L'origine étymologique du concept est géométrique et connote l'idée de rectitude. Est droit ce qui est sans déviation. De la même façon que pour tracer des lignes droites, rectilignes, il faut une règle, de même pour que l'homme se tienne droit dans la société, il est nécessaire de recourir à des lois, qui prennent la forme de règles du jeu social. Ces lois apparaissent comme un garde-fou contre la démesure ou l'excès. Les Grecs appelaient *pléonexie* la propension à vouloir plus que sa part, à s'imposer au détriment d'autrui : ils lui opposaient le sens de l'*ison*, de l'égalité devant la loi. Vouloir l'autorité de la loi ne signifie rien d'autre que vouloir celle de la raison dans les rapports humains. En faisant du droit sa finalité, l'État vise à mettre fin aux rapports de domination sauvage entre les hommes pour leur substituer des règles objectives et reconnues par tous.

Le droit positif comme structure de l'espace collectif

Quand les autres formes de liants sociaux tendent à s'affaiblir, le lien que l'État entretient avec le droit ne peut que se resserrer. L'État de droit a commencé à émerger dès que la religion n'a plus été en mesure d'exercer son rôle traditionnel de structuration de l'espace social, en raison du schisme issu du mouvement de la Réforme protestante. Jusqu'alors, le pouvoir politique était encore pensé dans le cadre de la religion qui, en tant que catholique, prétendait à l'universalité. Alors que le roi prenait en charge les corps, l'Église se réservait le soin des âmes. L'art politique demeurait ici un auxiliaire du pouvoir religieux. Mais la guerre entre protestants et catholiques rend caduque l'idée que la religion puisse encore servir de médiation entre les hommes. Au contraire, la guerre de religions conduit la société au bord du gouffre en ruinant toute possibilité de paix. Les enjeux religieux deviennent même des obstacles à l'ordre social. La nécessité s'impose alors de fonder l'ordre social sur d'autres bases. L'État ne sera plus pensé dans le cadre de la religion, mais bien plutôt la religion dans celui de l'État. Cette prise de conscience n'est cependant pas seulement conjoncturelle : comme l'a souligné Marcel Gauchet[1], elle correspond à l'accomplissement d'une logique plus profonde de la religion judeo-chrétienne elle-même. En insistant sur la transcendance d'un Dieu caché, cette religion monothéiste a favorisé un désenchantement du monde terrestre qui, débarrassé des croyances païennes en la présence de puissances sacrées en son sein, devenait alors la sphère privilégiée de l'intervention proprement humaine. L'accent mis sur la transcendance de Dieu ménageait la possibilité pour l'homme de se réapproprier la sphère terrestre, en mettant en œuvre ses propres ressources. Car, en tant que religion de l'incarnation, le christianisme donne malgré tout une certaine dignité à notre séjour ici-bas. L'idée même d'État de droit est née au moment où le rationalisme moderne s'est imposé, sur fond de laïcisation du message judéo-chrétien selon lequel ce monde, bien que créé par Dieu, est aussi éloigné de Dieu et mis à notre disposition. En entérinant l'écart principiel entre l'au-delà et l'ici-bas, le champ des affaires humaines pouvait désormais être soumis à un traitement rationnel. Politiquement, il était donc possible de faire la part des choses entre César et Dieu et de tirer parti de la dichotomie qui était censée régir leurs rapports. Dès lors, le droit positif est apparu comme l'élément dans lequel l'État peut développer pleinement sa rationalité.

Donner force à la loi

Mais le droit lui-même, pour être efficace, requiert la force. La loi civile et, *a fortiori*, pénale ne surgit pas de la conscience, *in foro interno*, comme le ferait une loi morale. Le droit apparaît sans intimité et ne s'impose à l'individu que de l'extérieur : la contrainte est donc la caractéristique de la loi civile. Aussi l'État de droit ne peut faire l'économie du recours

1. M. Gauchet, *Le Désenchantement du monde*, Paris, Gallimard, 1985.

à la force. Comme tous les autres types de configurations politiques, l'État repose sur une logique de puissance. En un premier sens qui se veut élémentaire, la puissance est l'affirmation massive de la force. Nier cette logique de puissance reviendrait à se mettre en dehors de la politique. Jean Bodin avait lui-même formulé cette idée : « Le mot de puissance est propre à ceux qui ont volonté de commander à autrui »[1]. La puissance est donc d'abord considérée comme cette capacité de s'imposer à autrui : elle fonde une relation de subordination. Bodin a cerné ici la justification profonde du pouvoir politique : croire que l'homme pourrait se commander lui-même constitue une illusion dangereuse. Pour produire de l'obéissance et assurer ainsi un ordre social, il faut nécessairement recourir à une force hétéronome qui s'impose du dehors et soumet l'être humain trop complaisant à l'égard de ses désirs. Seule l'approche morale suppose l'homme capable de se donner lui-même la loi. Mais tant que celui-ci n'est freiné dans l'ardeur de ses pulsions que par le remords, la perspective d'un monde où le libre-arbitre de chacun pourrait être harmonisé au libre-arbitre de tous demeure encore trop lointaine. Comme la morale, le droit vise la liberté plutôt que la licence, puisque – Kant l'avait relevé – la contrainte de la loi n'est pas un obstacle à la liberté, mais un obstacle à ce qui fait obstacle à la liberté[2]. Mais dans une collectivité, le droit se veut plus efficace que l'attitude morale pour organiser cette liberté dans le respect d'autrui. C'est pourquoi, l'État de droit ne peut se départir de la force. Si les hommes ne sont pas spontanément raisonnables, si les hommes ne sont d'abord que des corps

---

1. J. Bodin, *Les Six Livres de la République*, I, 4, Paris, Livre de poche, 1993, p. 79.

2. « Il s'ensuit que si un certain usage de la liberté même est un obstacle à la liberté suivant des règles universelles (c'est-à-dire est injuste), alors la contrainte, qui lui est opposée, en tant qu'obstacle à ce qui fait obstacle à la liberté, s'accorde avec cette dernière suivant des lois universelles, c'est-à-dire qu'elle est juste », Kant, *Doctrine du droit*, Introduction, § D, Paris, Vrin, 1971, p. 105-106.

désirants, le *conatus* qui les anime ne peut que les pousser
à l'affrontement. Il faut donc nécessairement une puissance
supérieure pour empêcher cette situation de dégénérer en
anarchie et pour garantir l'ordre, dans la société. Machiavel
l'avait souligné : il faut être un lion pour s'imposer aux
hommes-loups. L'État lui-même peut alors prendre les traits
de quelque animal monstrueux et fabuleux comme ceux du
Léviathan – chez Hobbes – pour faire expier les fautes civiles
de l'homme et garantir la sécurité. Certes l'État ne trouve sa
raison d'être que dans la mesure où il fait disparaître une
domination directe de l'homme par l'homme, mais il ne peut
donner force à la loi qu'à condition d'apparaître comme un
principe de commandement politique. Or, cette logique de
puissance de l'État est poussée à son paroxysme avec le
problème de la souveraineté.

La revendication de la souveraineté

En un premier sens, est dit souverain celui qui est en
mesure de subordonner tous les autres sans être lui-même
subordonné. Dans la notion de souveraineté s'affirme la toute
puissance de l'État. La souveraineté n'est pas seulement une
puissance de l'État, elle apparaît plutôt comme une puissance
qui fait l'État : selon Loyseau, « L'Estat est ainsi appelé pour
ce que la souveraineté est le comble et période de puissance
où il faut que l'Estat s'arreste et establisse »[1]. Cette notion est
indissociable de celle d'État et de son émergence. Loin de nous
l'idée de faire croire que, dans d'autres formes de configurations du pouvoir politique, le problème de la surpuissance
ne se soit pas posé : le lien de la politique avec la puissance a
toujours existé et est apparu à la fois incontournable dans son
principe et parfois tragique dans ses conséquences. Aussi est-il
rare de trouver, avant la modernité, une théorie positive de la
souveraineté. La souveraineté n'était pas apparue auparavant

---

1. L'Oyseau, *Traité des Seigneuries*, Paris, 1614, chap. II, p. 15.

comme une caractéristique habituelle de la structure du pouvoir politique ou, à tout le moins, n'était pas théorisée comme telle. La modernité n'a pu proposer une théorie de la souveraineté absolue comme principe fondamental de l'État que dans la mesure où le contexte du XVIIᵉ siècle offrait les conditions de possibilité de penser une telle puissance politique. Dans l'Antiquité, l'ordre politique s'inscrivait dans un ordre plus vaste qui était celui du monde ou de la nature. Chez Platon, il n'était même que le décalque d'un ordre interne de l'âme. Au Moyen Âge, le pouvoir politique demeurait également soumis à un ordre religieux plus vaste : celui de la *societas christiana*. Dans ces deux cas, l'ordre politique ne pouvait apparaître autotélique : il restait tributaire de fins qu'il n'avait pas le privilège de fixer, et de normes auxquelles il devait se subordonner. La souveraineté est réellement devenue l'apanage de l'État au moment où le pouvoir politique a pu s'émanciper de toute tutelle et quand nul ordre en surplomb n'est plus venu limiter sa puissance. Elle se donne alors comme la clef de voûte de l'État. Avec la souveraineté, l'État dispose de ce caractère de *plenitudo potestatis* qui était, au départ, le privilège du Dieu judeo-chrétien et qui avait été peu à peu transféré par *aequiparatio* à des puissances terrestres : il devient alors l'analogue sur terre de la toute puissance divine, en un mot, « un Dieu mortel ». Par là même, il peut prétendre disposer des mêmes prérogatives, en particulier le pouvoir de faire ou de défaire les lois. La souveraineté de l'État ne fonde pas ici seulement la capacité de l'État à faire respecter les lois, mais aussi beaucoup plus profondément à les promulguer ou à les abroger. La puissance de l'État apparaît donc normative.

La souveraineté, pierre d'angle et pierre d'achoppement du droit

La spécificité de l'État se révèle non seulement dans le souci d'assurer l'ordre de la collectivité, mais aussi et surtout dans sa prétention à être la source même du droit. C'est ici que s'enracine son légicentrisme : l'État se présente comme le puits du droit, la source fondamentale des lois civiles. Car l'existence d'un lien étroit entre le pouvoir politique et le droit ne peut être considérée à elle seule comme réellement nouvelle. Au Moyen Âge, les deux apparaissaient déjà associés, mais l'un et l'autre demeuraient bien distincts. Le roi médiéval n'avait pas l'exclusivité du pouvoir normatif, même s'il se voulait roi-justicier : il tranchait au nom de lois qu'il n'avait pourtant pas forgées et qui constituaient, pour lui, un donné préalable. Avec l'État tout change, puisque celui-ci prétend détenir le monopole de la capacité à légiférer. Ainsi, afin de garantir la stabilité de son royaume, le monarque absolu n'hésitera pas à entrer en concurrence avec d'autres instances normatives, que ce soit à l'intérieur avec les seigneurs féodaux, les « *estats* » traditionnels qui répondaient à leurs propres obligations, les villes qui jouissaient d'une véritable autonomie administrative et militaire, ou à l'extérieur avec l'Église romaine, l'Empire ou tout autre État voisin. La souveraineté de l'État est censée mettre fin à la possibilité ou au risque de régression à l'infini, dans la recherche d'un principe fondateur : elle représente désormais la puissance ultime qui fait naître le droit. Mais de ce fait, la nature du droit s'en trouve elle même transformée : foin du droit coutumier et des normes relevant des traditions ! Seul le droit positif prenant source dans l'État présente les gages d'homogénéité nécessaire pour asseoir la rationalité de l'État. Ce droit positif issu du pouvoir d'État peut alors se prêter à un travail de codification qui en fait ressortir la rigueur et la clarté. Mais en se présentant comme la source exclusive du droit, l'État ne peut éviter un paradoxe fondamental : le souverain absolu qui se veut l'auteur des lois apparaît nécessairement lui-même – en partie tout au moins – *ex lex*, en dehors de la loi. La souveraineté se caractérise donc à la fois par sa normativité et son statut asymétrique. Par sa situation, le souverain absolu peut être effectivement la source de la législation ; mais en raison même de ce pouvoir, il ne semble pas lui-même totalement soumis aux lois qu'il établit.

En effet, si le souverain était lui-même soumis aux lois, il faudrait nécessairement supposer une instance supérieure qui lui imposerait ces lois ou tout au moins veillerait à ce qu'il les respecte : dans ce cas, il ne serait plus possible de parler de souveraineté absolue et nous serions condamnés à opérer une régression à l'infini [1]. *Absolutus* – du verbe latin *absolvere* – signifie précisément ce qui est dégagé, délié, déchargé, ce qui s'excepte de toute contrainte, et donc libre et inconditionné. Ainsi, au cœur même de l'État de droit, surgit une aporie fondamentale : la souveraineté apparaît à la fois comme la pierre d'angle du droit et comme sa pierre d'achoppement. Le point-source du droit qu'est l'État recèle nécessairement un foyer aveugle, une face obscure. En soulignant que l'on ne peut commander à soi-même, Bodin appliquait ce principe au pouvoir politique lui-même et jetait les bases d'une théorie de la souveraineté absolue. Ainsi rejeta-t-il la *Lex Cornelia* [2] : « Si donc le prince souverain est exempt des lois de ses prédécesseurs, beaucoup moins serait-il tenu aux lois et ordonnances qu'il fait ; car on peut bien donner loi à autrui mais il est impossible par nature de se donner loi … le Roi ne peut être sujet à ses lois » [3]. La souveraineté absolue semble alors doter l'État d'un pouvoir discrétionnaire comparable à celui du Dieu de Descartes qui aurait pu très bien faire que les trois angles d'un triangle ne soient pas égaux à deux droits. Elle révèle de la manière la plus crue que le droit n'est pas seulement affaire de *ratio*, mais aussi et surtout de *voluntas*, comme le confirmerait la formule rituelle à laquelle le roi recourait :

1. « Quiconque, jugeant trop grand le pouvoir souverain, cherchera à le diminuer, devra s'assujettir à un second pouvoir capable de limiter le premier, et donc plus grand » Hobbes, *op. cit.*, p. 219.

2. La *Lex Cornelia* appliquait au souverain l'idée qu'il serait contradictoire qu'un magistrat prescrive une chose à un tiers, sans y être lui-même tenu.

3. J. Bodin, *op. cit.*, I, 8, p. 121. Cf. également livre III, chap. 5 : « Nul n'est sujet à la loi qu'il donne, aussi peut-il par bonne et juste raison déroger à icelle ». Bodin insiste cependant sur le rôle régulateur des lois naturelles et divines.

« Car tel est mon bon plaisir »[1]. Le principe Hobbien selon lequel « *auctoritas non veritas facit legem* » prend ici tout son sens[2]. Avec l'État, la loi résulte irréductiblement d'un commandement, fût-il celui de la puissance publique. Le souverain dispose de prérogatives qui elles-mêmes ne se laissent pas totalement juridifier ou codifier. La souveraineté apparaît donc comme un concept métajuridique dévoilant de manière symptomatique que le pouvoir politique ne peut se réduire au droit.

Au nom du peuple

Si la souveraineté cristallise le paroxysme de la puissance politique, il serait cependant simpliste de croire qu'elle implique nécessairement le glissement de la nomocratie à la monocratie, c'est-à-dire vers un pouvoir personnel. Elle suppose au contraire que le corps politique soit lui-même reconnu comme souverain. S'il est vrai qu'une loi peut être l'acte propre du souverain, l'essence de la loi est cependant d'être générale : non seulement celle-ci ne peut faire acception de personne, mais son objet doit s'étendre à l'ensemble de la collectivité, c'est-à-dire au peuple tout entier. La loi considère les sujets en corps et vise l'intérêt général. Dès lors, si la loi était le produit d'une volonté particulière, une contradiction surgirait entre sa forme et son contenu. Pour pouvoir prétendre exprimer l'intérêt général, la loi doit elle-même dans sa forme relever d'une volonté qui se présente comme générale. C'est pourquoi, même dans le cadre de la monarchie, la volonté du

---

1. J. Bodin précise ce qu'il entend par puissance absolue de souveraineté : « Aussi voyons-nous à la fin des édits et ordonnances ces mots : *car tel est notre plaisir*, pour faire entendre que les lois du Prince souverain, bien qu'elles fussent fondées en bonnes et vives raisons, néanmoins qu'elles ne dépendent que de sa pure et franche volonté », *op. cit.*, I, 8, p. 121.

2. « Il est manifeste que la loi en général n'est pas conseil, mais un commandement » Hobbes, *op. cit.*, chap. XXVI, p. 282. La loi est donc ici l'expression d'un performatif : elle se dicte à l'impératif, et non à l'indicatif.

roi ne peut que se présenter comme exprimant celle du peuple :
«*Rex est populus*». Afin d'éviter le hiatus toujours possible
entre l'objet de la loi et sa forme, l'État comme volonté
politique en appelle nécessairement à l'autorité du peuple.
Mais dans la monarchie absolue, cette identification repose
encore sur une fiction. En revanche, Rousseau prétendra faire
directement du peuple l'acteur de la souveraineté et garantir
l'expression d'une volonté effectivement générale : «Quand
tout le peuple statue sur tout le peuple il ne considère que lui-
même; et s'il se forme alors un rapport, c'est de l'objet tout
entier sous un point de vue à l'objet tout entier sous un autre
point de vue, sans aucune division du tout. Alors la matière sur
laquelle on statue est générale comme la volonté qui statue »[1].
Le contrat social préconisé par Rousseau permettrait de réaliser
l'adéquation totale entre la généralité de la volonté politique
qui pose la loi – en l'occurrence celle du peuple assemblé,
abstraction faite des volontés particulières – et la généralité de
l'objet de cette loi qui ne peut être encore que le peuple en
corps, abstraction faite de toute particularité. Le souverain et le
peuple ne poursuivraient ici qu'un seul et même intérêt, dans la
mesure où ils s'identifieraient. Chaque individu serait tout à la
fois citoyen, en tant qu'il participe activement à l'expression
de la volonté souveraine du peuple, et sujet, en tant qu'il est
lui-même soumis aux lois voulues par le peuple en corps.
Comme le précise Rousseau : «Cette personne publique qui
se forme ainsi par l'union de toutes les autres prenait autrefois
le nom de *Cité*, et prend maintenant celui de *République* ou
de *corps politique*, lequel est appelé par ses membres *État*
quand il est passif, *Souverain* quand il est actif, *Puissance*
en le comparant à ses semblables. À l'égard des associés
ils prennent collectivement le nom de *Peuple*»[2]. Même s'il
prétend garantir de cette façon l'adéquation de la volonté
politique avec l'intérêt général, Rousseau ne sort pourtant

1. Rousseau, *Du Contrat social*, II, 6, Paris, GF-Flammarion, 2001, p. 77.

2. Rousseau, *op. cit.*, I, 6, p. 57.

pas d'une problématique de la souveraineté absolue et la renforce plutôt, au point que la structure organisationnelle de l'État ne serait que le corps politique pris dans sa « passivité », et donc soumis à la volonté absolue d'un souverain actif, en l'occurrence le peuple en corps. Les apories de la souveraineté ne sont donc encore que déplacées.

La référence à la nation apparaîtra comme une solution possible pour assurer un enracinement substantiel à la volonté souveraine qui, en elle-même, demeure pur acte, pure relation de commandement. La nation remplace alors la référence théologique comme fondement de l'autorité, en vue de garantir la légitimité de la volonté souveraine. Elle permet d'offrir à celle-ci une identité stable censée lui ôter son aspect arbitraire. Mais la notion de nation est ambiguë : elle apparaît relever d'un imaginaire collectif dont l'objectif serait d'hypostasier la volonté politique de l'État, en la naturalisant. Elle permettrait ainsi de donner une identité intégrative immédiate au corps politique tout entier. Mais elle relève le plus souvent de la fictionnalisation de l'histoire d'un peuple et surtout ne fait encore que déplacer un peu plus – sans les régler – les paradoxes inhérents à la souveraineté absolue. Ainsi, Sieyès affirmait : « Non seulement la nation n'est pas soumise à une constitution, mais elle ne peut pas l'être, mais elle ne doit pas l'être… De quelque manière qu'une nation veuille, il suffit qu'elle veuille ; toutes les formes sont bonnes, et sa volonté est toujours la loi suprême »[1]. L'attachement à la souveraineté absolue rend arbitraire la structure étatique, parce qu'elle en fait l'instrument de la puissance d'une volonté politique qui se veut absolue. Or, l'affirmation de la souveraineté de la nation ne limite pas les risques d'une telle dérive, mais rend plus mystérieuse encore les racines de la volonté politique, puisqu'elle se veut l'émanation d'un être imaginaire substantialisé.

---

1. Sieyès, *Qu'est-ce que le Tiers État ?*, « Quadrige », Paris, PUF, p. 68-69.

II. LA RAISON DANS L'ÉTAT

L'État entretient un lien privilégié avec la raison. Non seulement, il se veut une construction rationnelle reposant sur un droit objectif, mais prétend faire œuvre pédagogique en favorisant l'accès de ses membres à la raison. Il démontre que l'humanité de l'homme est tributaire d'un montage social et juridique. La fonction étatique, dans son principe, n'est autre que la fonction institutionnelle. Ce n'est que grâce à ce travail institutionnel que l'homme trouve sa place au sein de la société. Mais si l'État est vecteur de raison, il est lui-même traversé par des types de rationalité divergents, voire contradictoires. Bien plus, l'identification de l'État avec la raison peut conduire tout à la fois à un abus d'État et à une conception hyperbolique de la raison.

La raison d'État dite « machiavélienne »

Derrière le paradoxe de la souveraineté absolue se profile le problème de la raison d'État. Dans son *Testament politique*, Richelieu insistait sur le fait qu'« en matière d'État, qui a la force a souvent la raison ». Il serait cependant réducteur de croire que la raison d'État soit totalement livrée à l'arbitraire. Elle se réclame plutôt d'une nécessité supérieure qui dispenserait de se plier à la légalité et qui se résumerait dans la formule : « *necessitas legem non habet* »[1]. La raison d'État trouve son fondement dans le souci légitime de veiller à la sauvegarde de l'État qui peut être menacé par les puissances extérieures. Elle met au jour la logique pure du politique qui n'est autre qu'une logique de puissance. L'objectif prioritaire alors du pouvoir politique n'est pas de se rendre meilleur ou

1. Cette formule a sa source dans le droit romain et fait écho à cette maxime d'Ulpien : *princeps legibus solutus est*. Comme l'a remarqué M. Senellart, dans *Machiavélisme et raison d'État* (Paris, PUF, 1989, p. 25), cette petite phrase ne s'appliquait, au départ, qu'aux règles de droit privé et de police dont l'empereur pouvait accorder la dispense.

plus juste, mais simplement plus puissant, afin de dissuader tout agresseur éventuel, en raison des rapports conflictuels que tout État entretient, par principe, avec les autres États qui constituent autant de menaces potentielles pour sa souveraineté. Pour Machiavel, un prince ne doit s'intéresser avant tout qu'à l'art de la guerre[1]. En outre, sans désignation d'un ennemi extérieur, un État ne peut que favoriser le développement d'ennemis intérieurs et préparer le terrain aux guerres intestines qui feront le lit de son déclin. Ainsi, si nous comparons la situation de la France et de l'Espagne au XVIe siècle, nous constatons une inversion des situations : engagée dans des guerres de conquête, l'Espagne se montre à l'apogée de sa puissance politique, alors que la France, à la même époque, s'enlise dans des conflits internes et met en péril son unité politique, faute d'ennemi externe. Bodin le soulignera : « Le plus beau moyen de conserver un État et le garantir des rebellions, séditions et guerres civiles, et d'entretenir les sujets en bonne amitié, est d'avoir un ennemi auquel on puisse faire tête »[2]. Le couple ami-ennemi apparaît donc comme étant avant tout un présupposé de la politique de l'État. Aussi, pour Carl Schmitt, « la distinction spécifique du politique, à laquelle peuvent se ramener les actes et les mobiles politiques, c'est la discrimination de l'ami et de l'ennemi »[3]. Dans les relations d'État à État, nul tiers ne pourrait résoudre, en dernière instance, le conflit entre deux parties, en raison même du principe de souveraineté qui les régit : ce qui signifie qu'il ne peut alors y avoir de solution simplement juridique. La polémologie apparaît donc comme une partie fondamentale de

---

1. « Un prince donc ne doit avoir autre objet ni autre penser, ni prendre autre matière à cœur que le fait de la guerre », Machiavel, *Le Prince*, chap. XIV, dans *op. cit.*, p. 332.

2. J. Bodin, *Les Six livres de la République*, livre V, chap. 5, p. 463.

3. C. Schmitt, *La Notion de politique*, Paris, Calmann-Lévy, 1972, p. 66. La réception des ouvrages de Carl Schmitt – dont la plupart sont aujourd'hui publiés – donne lieu à d'âpres polémiques : d'abord juriste et théologien, le personnage se compromit notoirement, à partir de 1933, avec le régime nazi.

la politologie étatique. L'État ne peut supporter l'inimitié intérieure, car une collectivité incapable de dominer cette inimitié
ne pourrait posséder une véritable unité politique. Mais un État
qui est incapable de résister à la pression de l'ennemi extérieur
serait également menacé de disparaître. L'État ne peut donc
s'affirmer comme unité essentiellement politique que dans le
jus belli, c'est-à-dire dans cette double puissance qui consiste à
désigner l'ennemi et à le combattre. Si un État ne disposait pas
de cette capacité, sa souveraineté ne serait qu'un vain mot et
il pourrait tomber sous la coupe d'une puissance étrangère.
La notion d'étranger apparaît même ici comme une figure
constante que construit et convoque l'État moderne pour
s'en servir de repoussoir. Chez Schmitt, l'étranger considéré
comme ennemi potentiel joue un rôle similaire à celui qui était
attribué auparavant à l'hérétique. Aussi, l'État ne peut s'en
tenir à vouloir à tout prix la paix : ce serait confondre le monde
tel qu'il est avec celui tel qu'il devrait être et donc pécher par
irréalisme. Le monde que dessinent les États est un *pluri-
versum* : il ressemble alors à l'état de nature de Hobbes. Dès
lors, la raison d'État aurait pour fonction de faire face à ce
domaine qui échappe au droit et où le seul tribunal mondial
reconnu pour départager les rapports conflictuels entre les
États ne pourrait être que la guerre. Mais ce tribunal fonctionne
de façon aussi peu juridique que possible : ce n'est pas un
procès, mais un processus historique. Parce que les relations
entre les États ont pour principe leur souveraineté, ils tendent
toujours à se situer les uns par rapport aux autres comme dans
un état de nature, et leurs droits ne sont pas spontanément régis
par une volonté générale qui se constituerait comme une autorité les surplombant, mais par leur volonté particulière. Aussi,
contrairement à l'amitié proprement dite entre personnes indi-
viduelles, l'alliance entre unités politiques autonomes serait
alors inséparable d'un ennemi actuel ou virtuel. L'idée d'une
fraternité du genre humain n'a, en elle-même, rien de politique,
mais relève plutôt de considérations morales ou religieuses. La
guerre apparaît donc ici comme un phénomène éminemment

politique, induit par la constitution des peuples en États. Comme l'avait remarqué, Von Clausewitz, la guerre « a sa propre grammaire, mais non sa propre logique » [1]. En ce sens, une guerre pure ne serait que montée absurde aux extrêmes et violence nihiliste. C'est pourquoi, la logique de la guerre doit toujours l'emporter sur la grammaire de la guerre. Si la guerre possède un but qui n'est autre que la défaite de l'adversaire, ce but (*Ziel*) n'est pas en lui-même une fin (*Zweck*) : la fin de la guerre se trouve en dehors d'elle-même, en l'occurrence dans la logique politique qui régit les rapports entre États.

Du normativisme juridique au décisionnisme

Le recours à la raison d'État « machiavélienne » dans le cadre des rapports entre États, c'est-à-dire de puissance à puissance, se justifie au nom d'une nécessité vitale. Elle fait surgir des questions existentielles au cœur même de cette réalité sociologique institutionnalisée qu'est le pouvoir d'État. Avec ce type de raison d'État, les problèmes de la menace, du risque, de la mort et de la survie s'imposent au premier plan et se cristallisent dans la notion de guerre. Elle témoigne du fait que la pérennité de l'État ne va pas de soi et que son ordre peut être précaire, c'est-à-dire qu'il est soumis à la mutabilité tragique de la Fortune. L'invocation de la raison d'État est toujours le symptôme d'une situation de crise. Elle suppose que les moyens normaux habituellement utilisés pour le fonctionnement de l'État s'avèrent inadéquats. Elle indique les limites de la nomocratie, puisque la puissance de l'État doit alors s'écarter du droit. Il s'agit bien d'une dimension extra-

---

1. Von Clausewitz, *De la Guerre*, Paris, Éditions de Minuit, 1970, p. 704. Relevons que dans la célèbre expression « *Der Krieg ist eine blosse Fortsetzung der Politik mit anderne Mitteln*/La guerre est la simple continuation de la politique par d'autres moyens », l'expression *bloss* (simple) a une signification restrictive et signifie *rien que* : la guerre n'est rien d'autre que… Cette formulation implique que non seulement la guerre reste subordonnée à la politique, mais encore que celle-ci lui fournit un principe de limitation.

ordinaire de l'art de gouverner les États, dans la mesure où il
déroge au droit commun : « Un excès du droit commun à cause
du bien public »[1]. Loin d'être irrationnelle, la raison d'État
manifesterait, de manière paroxystique, la rationalité pure-
ment politique – dégagée de toute norme juridique, morale,
religieuse – qui innerverait l'État : elle serait, en quelque sorte
l'apocalypse de son essence véritable. Cette rationalité relè-
verait d'un pur calcul de puissance et le succès constituerait
son seul critère de vérité. Comme le disait Machiavel : « Un
esprit sage ne condamnera jamais quelqu'un pour avoir usé
d'un moyen hors des règles ordinaires pour régler une
monarchie ou fonder une république. Ce qui est à désirer, c'est
que si le fait l'accuse, le succès excuse »[2]. Cette pure rationalité politique concentrerait sa pointe dans la décision à
prendre pour mettre fin à la crise : « les hommes se décident
promptement quand ils se trouvent forcés par la nécessité »[3].
Ce décisionnisme politique trouve cependant son expression
la plus accomplie dans la fameuse formule de Carl Schmitt :
« Est souverain celui qui décide de la situation exceptionnelle »[4]. Il soutient ici que le pouvoir n'existe que dans son
exercice et non comme entité légale. En mettant l'accent sur les
situations d'exception, Schmitt s'oppose radicalement au
normativisme juridique de Kelsen qui préconisait de faire
reposer l'État sur une pyramide de normes s'impliquant
analytiquement les unes les autres[5]. Le décideur souverain
serait celui qui trancherait les nœuds gordiens de la temporalité
politique. La crise, en tant que moment critique, est du ressort

1. G. Naudé, *Considérations politiques sur les coups d'État*, Paris,
Éditions de Paris, 1988, p. 98.

2. Machiavel, *Discours sur la première décade de Tite-Live*, I, 9,
« Bibliothèque de la Pléiade », Paris, Gallimard, 1974, p. 405.

3. Machiavel, *op. cit.*, III, 6, p. 636.

4. C. Schmitt, *Théologie politique*, trad. J.-L. Schlegel, Paris, Gallimard,
1988, p. 15. Voici la phrase en allemand : « *Souverän ist, wer über den
Ausnahmezustand entscheidet* ».

5. Cf. Kelsen, *Théorie pure du droit*, Paris, La Baconnière, 1988.

du souverain : c'est lui qui décide de l'état d'urgence. Le souverain est celui qui métamorphose la *krisis* en *kairos*, ou plus précisément, celui qui saisissant son *kairos* – c'est-à-dire le moment opportun – impose la *krisis* à ses adversaires. L'urgence vient faire vaciller le temps balisé, mesuré, planifié qui est celui du temps calendaire et des échéances régulières. Elle fait surgir le moment crucial qui se substitue à la chronologie étale. Or, Schmitt nous incite à penser que l'urgence est plutôt l'effet de la décision et non la cause. Il retrouve une ambivalence qu'entretient la *Realpolitik* et qu'avait développée Machiavel : « Ces occasions ont fait l'heureuse réussite de ces personnages et l'excellence de leur *virtù* a fait connaître l'occasion »[1]. Mais chez Schmitt, nous ne sommes pas seulement ici au cœur de la *Realpolitik* : son décisionnisme renvoie à un existentialisme politique, enté sur la théologie[2]. Le temps historique se concentrerait uniquement dans l'instant de la décision. C'est dire alors que l'histoire perdrait toute son épaisseur et serait livrée à la discontinuité. Mais en fin de compte, ce décisionnisme pur conduit à une régression non seulement vis-à-vis de la théorie de l'État, mais vis-à-vis de la politique elle-même : Carl Schmitt se complaît dans une sorte de mysticisme qui le conduit à la justification de la théologie politique, entretenant même la nostalgie du Saint-Empire germanique médiéval, parce qu'il lui apparaît plus légitime que l'État profane. Il s'en remet à la figure du « *katechon* » censé, par la guerre, retarder la venue de l'Antéchrist, et qui

---

1. Machiavel, *Le Prince*, chap. VI, p. 304. Comme le disait également G. Naudé, « L'homme sage se fabrique sa fortune lui-même », *op. cit.*, p. 80.

2. « La situation exceptionnelle a pour la jurisprudence la même signification que le miracle pour la théologie », C. Schmitt, *op. cit.*, p. 46. Lui-même fait référence à l'autorité d'un théologien protestant qui n'est autre que Kierkegaard. Chez Kierkeggard comme chez Carl Schmitt, le sens de l'histoire serait suspendu à l'instant décisif. L'instant de la décision constituerait ce moment privilégié où l'éternité devient tangente au devenir historique.

symbolise une sorte de révolte gnostique contre le monde[1]. Suspendre la vie de l'État à la décision d'un souverain – fût-il un *katechon*! – revient à considérer que celle-là ne disposerait pas de consistance légitime par elle-même. Le projet même de l'État de s'inscrire dans la durée historique serait alors caduc. Le mot de décision renvoie, en latin, à *caesura* qui signifie coupure et a donné le mot «ciseaux»: la décision implique l'idée de rupture. En se réclamant d'une vision disruptive de l'histoire, le décisionnisme pur peut lui-même mettre l'État hors de ses gonds, au lieu de le sauver. Même chez Machiavel, il est possible de repérer cette tension entre décisionnisme et institutionnalisme. Si dans *Le Prince*, Machiavel met l'accent sur les qualités requises pour la personnalité du *princeps* et sur la subjectivation de l'action politique, il n'en est pas moins vrai que dans les *Discours sur la première décade de Tite-Live*, il met en évidence la supériorité de l'institution républicaine. La puissance de la république provient du fait que non seulement elle répartit le pouvoir de décision, mais surtout qu'elle institue le pouvoir de contestation des décisions: «Il est du devoir de donner à tout citoyen la faculté d'en accuser un autre sans avoir rien à redouter de sa démarche»[2]. La république présente donc l'avantage de se donner les moyens de contrer les aspects trop arbitraires de la décision politique. En soumettant, la décision au jugement politique des citoyens, la république tempère les excès du décisionnisme. En outre, elle soumet les ambitions de ceux qui prétendent la diriger à un principe de précaution institutionnel[3]. C'est grâce aux lois

---

1. Cf. C. Schmitt, *Le Nomos de la terre*, «Léviathan», Paris, PUF, 2001, p. 63-66, et *Ex captivitate salus*, Paris, Vrin, 2003. La notion de *katechon* est reprise de Saint-Paul et signifierait «la puissance qui retient», en l'occurrence celui qui est censé retarder la venue de l'Antéchrist.

2. Machiavel, *Discours sur la première décade de Tite-Live*, *op. cit.*, p. 403.

3. «Dans un État bien constitué, quel que soit l'événement qui survienne, on ne devrait se croire obligé de recourir à des mesures extraordinaires; car si les mesures extraordinaires font du bien pour le moment, leur exemple fait un mal réel. L'habitude de violer la constitution pour faire le bien autorise ensuite à

qu'en fin de compte, les hommes de gloire se révèlent et ceux-ci sont aux antipodes des tyrans. Aussi n'est-il pas étonnant de voir Machiavel condamner sans aucune réserve César et avec lui toute possibilité de césarisme[1]. Nous voyons ici Machiavel se prononcer contre cette théorie qu'on lui attribue un peu trop généreusement : la raison d'État dite « machiavélienne ». À l'encontre de ce que pourra soutenir Carl Schmitt, Machiavel pense que la *virtù* de l'homme politique a intérêt à rester dans la légalité : « C'est l'autorité dont les citoyens s'emparent qui nuit à la liberté, et non celle qui est conférée par les suffrages du peuple »[2].

La raison d'État anti-machiavélienne

La poursuite du bien public ne peut se faire au détriment des autres biens. La puissance politique ne se mesure pas seulement à sa capacité militaire à faire la guerre : elle est aussi relative à la prospérité de l'État. Or, celle-ci requiert précisément la stabilité qui est au principe du projet politique de l'État. C'est pourquoi, la guerre ne peut être une fin en soi. Dès lors, vient poindre ici une autre raison d'État qui ne se constitue plus autour du concept d'ennemi, mais plutôt autour de celui du bien-être. En affirmant que « la raison d'État est l'essence même de la paix et la règle de vivre en repos »[3] ou que « si l'on acquiert par la force, on ne peut conserver que par la sagesse »[4], Palazzo et Botero ont été les premiers à utiliser cette expression de « raison d'État », en lui donnant précisément un sens anti-

---

la violer pour déguiser le mal. Une république n'est donc pas parfaite si les lois n'ont pas pourvu à tout, tenu le remède pour prêt, et donné le moyen de l'employer », Machiavel, *op. cit.*, p. 457-458.

1. « César doit être condamné avec le surcroît de sévérité que mérite celui qui ne s'est pas borné à préméditer un forfait, mais qui l'a accompli », Machiavel, *op. cit.*, p. 408.

2. Machiavel, *op. cit.*, p. 456.

3. Palazzo, *Discorso del governo e della ragion vera di stato*, Venise, G. de Fransceschi, 1606, I, 3.

4. G. Botero, *Della ragione di Stato dieci libri*, Rome, Pellagallo, 1590, I.

machiavélien. Il ne s'agit plus de s'intéresser exclusivement aux risques externes de remise en question de l'État, mais de prendre en compte les causes internes qui pourraient le menacer. L'objectif aristotélicien du « bien vivre » est alors remis au premier plan, sous une forme cependant plus prosaïque : celle du bien-être. Or, sa réalisation suppose ici que l'État prenne en considération les ressources économiques pour asseoir sa puissance. Alors que Machiavel faisait reposer l'art politique dans l'État sur la capacité d'allier la ruse et la force, c'est-à-dire sur la *virtù* entendue comme une sorte de flair animal, la « bonne » raison d'État investit plutôt dans la connaissance, dans le développement des sciences. Son émergence correspond à la naissance de l'économie politique, avec Montchrestien, ou de la statistique comme science de l'État, avec Achenwall. Plutôt que de soigner son image afin de paraître exemplaire, le prince se préoccupe des potentialités économiques et sociales de son royaume qu'il s'agit d'optimiser. Il promeut une conception pastorale du pouvoir qui trouve sa réalisation dans le caméralisme. Le souci de la gouvernementalité l'emporte alors sur celui de la souveraineté. Certes, l'art de gouverner a précédé l'idée même d'État[1]. Au Moyen Âge, la fonction royale apparaissait comme un *regimen*, comme un art du gouvernement, et le roi comme le ministre ou serviteur de l'Église. Cette gouvernementalité se fondait davantage sur des principes éthiques. La raison d'État dite « machiavélienne » avait éclipsé cette fonction gouvernementale, au profit de la manifestation de souveraineté. En revanche, la « bonne » raison d'État renoue avec cette tradition de l'art de gouverner, mais celui-ci ne trouve plus alors sa caution ni dans l'éthique, ni dans la religion, mais plutôt dans l'économie politique et dans des techniques de gestion des affaires publiques[2]. Pour la raison d'État dite

---

1. Cf. M. Senellart, *Les Arts de gouverner, op. cit.*
2. « Alors que la fin de la souveraineté se trouve en elle-même et que ses instruments, elle les tire d'elle-même sous la forme de la loi, la fin du

« machiavélienne », il serait légitime – au nom d'une pure logique de puissance – de se mettre en dehors de la légalité, *a fortiori* si les intérêts supérieurs de l'État paraissent menacés par une puissance étrangère. En revanche, la gouvernementalité se place sur un tout autre terrain. Étymologiquement, gouverner vient du latin *gubernare* qui signifie « tenir le gouvernail » et du grec *kubernaein* qui désigne l'art du pilotage. Gouverner, c'est d'abord diriger un vaisseau, sans avoir l'obsession de s'imposer aux autres de gré ou de force pour tenir la barre, mais en s'appuyant sur la connaissance des astres, des vents, des courants, voire du tonnage du bateau, de son tirant d'eau, de sa cargaison et de ses passagers, pour calculer comment amener le tout à bon port. Alors que la souveraineté semble l'expression paroxystique de la logique politique pure, la gouvernementalité reconnaît sa dépendance vis-à-vis de fins extérieures au politique. Loin de mettre l'accent sur le commandement, elle se concentre sur l'idée de service. Elle relève ici d'une *ratio administrationis* qui trouve son accomplissement dans la ministérialisation des tâches gouvernementales. Organisée scientifiquement, l'administration est alors dotée d'un corps de fonctionnaires formés dans les plus hautes écoles. L'attachement des fonctionnaires aux règlements témoigne de cette rationalisation de la vie de l'État, mais aussi corrélativement d'une tendance à sa neutralisation politique et à sa bureaucratisation.

L'État en tant qu'incarnation de la Raison

Le lien entre l'État et la raison serait d'autant plus étroit que l'on soutient non seulement que l'État a raison, mais qu'il est l'incarnation même de la raison. La raison elle-même ne pourrait se réaliser que dans les institutions étatiques. Le rôle

gouvernement, elle, est dans les choses qu'il dirige ; elle est à rechercher dans la perfection, la maximalisation ou l'intensification des processus qu'il dirige, et les instruments du gouvernement, au lieu d'être des lois, vont être des tactiques diverses », M. Foucault, « La "Gouvernementalité" » dans *Dits et écrits*, 1994.

de l'État serait de nous ouvrir à l'universel : grâce à lui, nous pourrions passer de la défense de l'intérêt particulier à celle de l'intérêt général. Une relation analytique s'établirait ainsi entre l'État et la raison. L'État jouerait un rôle majeur dans le mouvement de l'histoire, interprété comme mouvement de l'Idée absolue cherchant à se reprendre, à se ressaisir dans et par l'Esprit : « L'Idée universelle se manifeste dans l'État »[1]. La violence apparente de l'État ne serait encore qu'une ruse de la raison, car ce n'est que dans le cadre de l'État que l'homme pourrait accéder à l'universel, en accédant au statut de citoyen. L'État permettrait de sortir de l'intérêt égoïste qui domine la société civile, même si dans celle-ci une « main invisible » semble déjà conduire chacun, en poursuivant son intérêt particulier, à participer, sans en avoir conscience, à l'intérêt commun. Car Hegel a lu Adam Smith : il s'opère une « médiation du particulier par l'universel, dans un mouvement dialectique tel qu'en gagnant, produisant et jouissant pour soi, chacun gagne et produit en même temps pour la jouissance des autres »[2]. Mais cette rationalité sourde déjà à l'œuvre dans la société civile ne peut se manifester de manière éclatante qu'avec l'État : « Tout ce que l'homme est, il le doit à l'État ; c'est là que réside son être. Toute sa valeur, toute sa réalité spirituelle, il ne les a que par l'État »[3]. Seul l'État serait capable de nous fournir notre identité profonde, en nous permettant de réaliser une seconde naissance : une naissance culturelle et non plus simplement naturelle. La raison que l'État incarnerait est à prendre ici au sens de puissance de totalisation, c'est-à-dire comme réalisation de l'identité de l'identité et de la différence. Par rapport aux autres communautés objectives, seul l'État réaliserait ce type de totalité accomplie. En effet, relevant d'une identité immédiate, la famille est une

---

1. Hegel, *La Raison dans l'histoire*, Paris, Éditions 10/18, p. 138.
2. Hegel, *Principes de la Philosophie du droit*, § 199, *op. cit.*, p. 225. Hegel rend lui-même hommage à Smith dans la remarque du § 189 (p. 220).
3. Hegel, *La Raison dans l'histoire*, p. 136.

totalité qui ne fait pas de place à l'autonomie individuelle et à la différenciation. Quant à la société civile, elle est l'expérience de la différenciation, sans pouvoir cependant espérer une totalisation véritable : avec elle, la totalisation est toujours différée puisqu'elle reste soumise à la concurrence et aux crises. Aussi, ces communautés objectives ne peuvent constituer une fin en soi. Le corps politique de l'État assure donc la relève du corps social. Pour Hegel, la société civile n'est encore qu'un corps rudimentaire, comme celui de la prime enfance, qui ne détient pas encore la maîtrise sur lui-même. En un mot, tant que l'homme n'est encore qu'un élément de la société civile, il n'appartient pas encore à un corps réfléchi. Avec l'État, le corps social devient effectivement un corps politique : la rationalité politique en soi, immanente au corps social, accéderait enfin au pour soi. La substance de l'État serait donc la Raison parce qu'il représenterait en lui-même une totalité enfin consciente d'elle même et effective, une totalité qui se saurait comme telle, en un mot l'Esprit objectif accompli, censé rendre possible l'accès à l'Esprit absolu que réalise l'activité philosophique. En ce sens, parce que « l'État est le rationnel en soi et pour soi »[1], il pourrait être considéré comme « le divin sur terre ».

Des effets irrationnels de l'identification de l'État à la Raison

Cependant, cette identification abusive de la raison et de l'État engendre paradoxalement des effets irrationnels, et en premier lieu, la statolâtrie. Celle-ci tend à cautionner les dérives de l'État. À l'encontre d'une conception extensive de l'universalité selon laquelle les États eux-mêmes prendraient conscience peu à peu de la nécessaire normalisation juridique, économique et culturelle de leurs rapports, Hegel défend le principe d'une universalité intensive suivant laquelle un État

---

1. Hegel, *Principes de la philosophie du droit*, § 258, p. 258.

pourrait revendiquer à lui seul l'incarnation de l'universel.
Dès lors, une telle conception ne peut conduire qu'à une justification de la violence guerrière érigée en « tribunal de
l'histoire »[1]. Bien plus, alors qu'il soutient que le héros ou le
grand homme, c'est-à-dire le décideur souverain, ne trouve sa
légitimité que dans les périodes de chaos historique[2] ou lors de
la fondation des États, Hegel doit admettre que la situation de
guerre rend nécessaire encore le recours à de telles grandes
figures subjectives qui imposent leurs vues d'une main de fer[3].
Ainsi, au cœur même de ce panrationalisme, le décisionnisme
discrétionnaire retrouve ici ses droits. En outre, Hegel en vient
à ménager une place prépondérante à l'administration qui doit
exercer une autorité principale, dans la vie de l'État, au point
qu'elle supplante la référence à la souveraineté populaire. Si
l'État est l'Esprit qui se sait, l'administration serait la dépositaire de ce savoir. Le fonctionnaire d'État apparaît censé
poser tous les problèmes, élaborer toutes les solutions, par ses
connaissances et son expérience des affaires publiques : « Les
fonctionnaires d'un rang élevé ont nécessairement une intel-
ligence plus profonde et plus vaste de la nature des institutions
et des besoins de l'État »[4]. Hegel fait ici la part belle à la *ratio
administrationis*. Mais se méfier de la souveraineté du peuple
conduit à mettre l'État à la merci d'une hypertrophie de
l'administration bureaucratique qui ne fonctionne que selon
une rationalité gestionnaire, statistique, quantitative. Alors

1. Avec la guerre « se conserve la santé éthique des peuples (...) tout
comme le mouvement des vents préserve les eaux des lacs du danger de la
putréfaction, où les plongerait un calme durable, comme le ferait pour les
peuples une paix durable et *a fortiori* une paix perpétuelle », Hegel, *op. cit.*,
§ 324, add., p. 324-325.
2. « Une fois que l'État a été fondé, il ne peut plus y avoir de héros : ceux-ci
n'apparaissent que dans l'état d'inculture », Hegel, *op. cit.*, § 93, add., p. 138.
3. « À la pointe de toutes les actions, donc aussi des actions historiques, se
trouvent des individus ou des subjectivités qui rendent effective la réalité
substantielle », Hegel, *op. cit.*, § 348, p. 337.
4. Hegel, *op. cit.*, § 301, p. 307.

qu'elle est, par principe, au service de l'État, cette dernière tend à devenir son maître. Les gages donnés au règne de l'entendement et de sa puissance d'abstraction font alors le lit d'une pure rationalité instrumentale qui se polarise sur la question de l'utilisation rationnelle des moyens, sur celle de l'efficacité technique, sans s'interroger sur la légitimité des fins[1]. Essentiellement apolitique, la fonction administrative n'imposera sa rationalité qu'en opérant un dépolitisation du rôle de l'État. Alors que celui-ci se veut surtout une rationalisation du pouvoir politique, le rôle prépondérant accordé à l'administration entraînerait plutôt sa neutralisation politique.

Mais surtout, l'effet le plus pervers de l'identification de l'État et de la raison conduit à sa divinisation, à sa sacralisation. En faisant de l'État le moyen par lequel l'Idée s'accomplit et se ressaisit dans l'Esprit objectif d'un peuple, Hegel entraîne la question de l'État dans une conception métaphysique de l'histoire. En soumettant l'État à l'accomplissement de l'Idée, Hegel ne prend pas cette notion dans le même sens où Burdeau l'utilise lorsqu'il affirme que « l'État est, au sens plein du terme, une idée »[2]. Pour ce dernier, l'idée n'est ici encore qu'une représentation collective de l'ordre désirable. En revanche, chez Hegel, l'Idée est le *Logos* même qui s'auto-conçoit, s'autodéveloppe et se donne une réalité effective, en l'occurrence ici, à travers l'État. Ainsi, l'État participerait de l'aventure métaphysique de l'Idée. L'Idée est ici une substance qui dépasse nécessairement les fins strictement humaines : l'homme lui-même ne serait plus qu'un moyen de sa manifestation. En un mot, Hegel fait relever l'État d'une « onto-logique »[3]. L'effet pervers de ce tour de passe-passe consiste à opérer un dessaisissement du peuple, dans sa réalité

---

1. Pour le dire dans le vocabulaire de M. Weber, la *Zweckrationalität* prend alors le pas sur la *Wertrationalität*, cf. *Économie et société*, Paris, Plon, 1971.

2. G. Burdeau, *L'État, op. cit.*, p. 14.

3. Pour reprendre l'expression d'Éric Weil dans *Hegel et l'État*, Préface, Paris, Vrin, 1966.

concrète, au profit de son « esprit », celui-ci étant entendu comme moment métaphysique de l'Idée absolue. L'Idée elle-même apparaît ici transcender le pouvoir de l'homme, puisqu'elle n'est plus entendue comme une représentation, mais comme le Concept même se donnant une réalité effective. Hegel s'en remet à une hypostase de l'Idée, c'est-à-dire à une abstraction qui serait dotée d'une autonomie propre, d'une vie propre, indépendamment de l'homme et susceptible de se retourner contre lui. La raison n'est plus entendue comme une attitude spécifiquement humaine, mais renvoie à une ontologie métaphysique. L'État lui-même serait au service de cette hypostase métaphysique, et ne pourrait plus être considéré comme un instrument inventé par les hommes pour régler politiquement les problèmes de la vie en commun. La statolâtrie induite de la divinisation de l'État risque fort de transformer celui-ci en « grand fétiche » propice à tous les aveuglements. L'État rationnel en soi et pour soi ne ferait encore qu'entretenir le « mythe de l'État »[1]. Or, comme l'a montré Cassirer, rien ne serait pire que de diviniser et de mythifier l'État : ce serait nier le principe même sur lequel il repose.

La statolâtrie est ici tributaire d'une idolâtrie de la raison. Il est donc nécessaire de sortir d'une telle conception spéculative, pour mieux cerner les racines pragmatiques de la rationalité de l'État. La démystification de l'identification de la raison et de l'État passe par la désacralisation de la puissance publique et par le désensorcellement du concept de raison, en un mot par une critique de la raison politique. Le culte de la raison d'État apparaît disqualifié parce qu'il contribue lui-même à faire obstacle au développement d'une conception critique de la raison. En politique comme ailleurs, seule une théorie de la rationalité limitée peut donner à l'homme les critères pour s'orienter sans s'aliéner. Il n'est plus possible d'entretenir la confusion entre d'une part, la Raison à laquelle

---

1. Cf. Cassirer, *Le Mythe de l'État*, Paris, Gallimard, 1993.

l'État prétend s'identifier, et d'autre part, les raisons de l'État. Or, celles-ci ne se trouvent nulle part ailleurs que chez les individus-citoyens qui ont trouvé dans ce type de configuration politique un moyen de faire face aux contraintes historiques de la condition humaine et de lever certains obstacles à leur épanouissement. Encore faut-il que le remède ne devienne pas à son tour un mal. La Raison de l'État ne peut se retourner contre les raisons pour lesquelles les citoyens consentent à son institution, car sinon l'État lui-même risque de devenir une hypostase dans laquelle les hommes ne se reconnaissent plus. Même si l'État se présente comme une entité supra-individuelle dotée de ses propres règles et de sa logique propre, il n'en reste pas moins que tout phénomène qui paraît constituer au-dessus des individus quelque unité nouvelle se résout en fait dans les actions réciproques échangées par les individus. L'État n'est pas une fin en soi et il ne peut se penser en surplomb de ces individus-citoyens qui sont tout à fait capables, par eux-mêmes, de comparer les avantages et les désavantages que leur procure cette institution. Même si les critiques formulées par les citoyens peuvent paraître objectivement contestables du point de vue de la logique propre de l'État, elles sont néanmoins fondées sur des raisons subjectives dignes d'être respectées. Tout en étant subjectives celles-ci ne sont pourtant ni irrationnelles, ni arbitraires : aussi méritent-elles qu'on leur applique un « principe de charité ». Bien plus, ces dernières sont, en fin de compte, les seules qui puissent assurer sa légitimité.

III. L'ÉTAT EN QUÊTE DE LÉGITIMITÉ

Même si l'État entretient un lien privilégié avec le droit, celui-ci ne suffit pas à lui assurer sa légitimité. Car le droit positif grâce auquel l'État affirme son autorité ne définit encore que le cadre d'une légalité formelle. En revanche, la légitimité est bien plus profonde que la sophistication d'un cadre formel de lois, fût-il cohérent. Un principe de légitimité ne se laisse pas imposer autoritairement, mais il naît de la conformité des projets politiques à la réalité concrète de la société. La légitimité s'articule sur le consentement des citoyens. Si la légalité vient d'en haut puisqu'elle est l'expression d'une volonté politique, « la légitimité vient d'en bas »[1] : elle émerge d'un lieu plus diffus et plus opaque, mais qui fixe les limites de toute prétention à la souveraineté absolue.

Le double visage du droit

Le droit ne relève pas exclusivement du pouvoir de la loi. Certes, celle-ci effectue positivement la mise en ordre de la société. Mais le droit exerce également une autre fonction : il ne se contente pas de garantir un ordre, mais essaie de redresser les irrégularités, les anormalités, les écarts sociaux. Ainsi, le droit ne se réduit pas à l'établissement d'une règle formelle et abstraite : il implique aussi la présence du juge et donc, la reconnaissance d'un pouvoir judiciaire. Pour être efficace, le droit suppose une puissance politique, mais il ne trouve sa finalité que dans la recherche du juste. Ainsi, le droit n'est pas seulement l'affaire du souverain et du pouvoir législatif. L'objet spécifique de la justice consiste à « attribuer à chacun le sien »[2]. Aussi, le droit présente une dimension plus relationnelle que rationnelle : la fonction du juge, par exemple, est de renouer indirectement le dialogue entre des protagonistes que tout semble opposer. Son objectif ne peut plus être la simple conformité à la loi, mais plutôt l'équité. Le rôle de l'équité – telle que l'a étudiée Aristote[3] – consiste à tenir compte de la « nature des choses », des circonstances atténuantes ou aggravantes, et de procéder à la manière des

1. G. Ferrero, *Pouvoir*, Paris, Livre de poche, 1988, p. 292.
2. La formule se rapporte à la définition de la justice et du droit, dans les *Institutes* de Justinien, I. 1 : « *Iuris praecepta sunt haec : honeste vivere, alterum non laedere, suum cuique tribuere* ».
3. Cf. Aristote, *Éthique à Nicomaque*, Paris, Vrin, 1990, V, 14.

maçons de Lesbos qui utilisaient des règles souples pour
épouser toutes les aspérités du réel. Il s'agit alors de confronter
la loi au cas d'espèce. L'équité est cette forme de justice qui
accepte la pluralité des fins, des intérêts et des idées. Elle
relève du jugement plutôt que de la volonté : « On fait preuve
de jugement en appréciant correctement ce qui est équitable »[1]. En tant qu'il relâche la rigueur de la loi, le juge ne
restreint pas le droit, mais au contraire, l'instaure sur des bases
plus équitables. L'État ne peut donc réduire le droit à la loi, si
ce n'est au risque de l'affaiblir. Vouloir remettre la question du
droit entre les mains du seul pouvoir législatif reviendrait à
éliminer toute possibilité d'interprétation de la loi. Or ce fut
pourtant à cette tentation qu'après la révolution française,
l'École de l'Exégèse succomba[2]. Sous prétexte de rationalisation dans le cadre de l'État, le droit ne devait être alors que
l'expression de la volonté souveraine du peuple et ne pouvait
donc se manifester que dans les décisions du pouvoir législatif.
Idéalement, cette approche devait permettre au citoyen de ne
plus être à la merci des hommes, mais de relever exclusivement d'institutions impersonnelles. Pour réaliser un tel
idéal, il fallait qu'existe, pour chaque situation relevant de la
compétence du juge, une règle de droit applicable et une
seule, dépourvue de toute ambiguïté. Ainsi l'article 4 du code
napoléonien obligeait le juge à traiter le droit comme cohérent,
sans lacune, sans antinomie, sans ambiguïté : « Le juge qui
refusera de juger sous prétexte du silence, de l'obscurité ou de
l'insuffisance de la loi, pourra être poursuivi comme coupable
de déni de justice ». L'école de l'Exégèse limita le rôle du juge
à l'établissement des faits et à leur subsomption sous les
termes de la loi. Elle tourna le dos à la fonction spécifique
du juge qui est voué, au contraire, à interpréter la loi. Pour elle,
les notions de « clarté » et d'« interprétation » parurent anti-
thétiques : *interpretatio cessat in claris*. Déjà, Robespierre

1. Aristote, *Éthique à Nicomaque*, VI, 11, 1143 a 20.
2. Cf. Perelman, *Logique juridique*, I, 1, Paris, Dalloz, 1979.

avait accordé un rôle prééminent à la cour de cassation, afin d'éviter l'arbitraire des juges : « Chaque année le tribunal de cassation sera tenu d'envoyer à la base de l'assemblée du corps législatif, une députation de huit de ses membres qui lui présenteront l'état des jugements rendus »[1]. La cour de cassation avait été définie par Robespierre comme « le protecteur des lois, surveillant et censeur des juges ». Il s'agissait de maintenir l'unité de la législation par l'uniformisation de la jurisprudence. À l'arbitraire des peines fixées par le juge sous l'Ancien Régime, la Révolution avait opposé un principe de codification stricte des peines par le législateur. Mais cet effort conduisit à éliminer la notion de circonstances atténuantes, et par là même, il devint impossible d'adapter le droit à l'état de l'opinion. Aussi, dès 1811, le Code pénal dut rouvrir l'éventail des peines en instituant un minimum et un maximum, et introduisit, de manière limitée, l'expression même de « circonstances atténuantes ». Après la loi de 1824 qui étendit les circonstances atténuantes et les laissa à l'appréciation de la cour, la loi de 1832 fit enfin des circonstances atténuantes la règle, et de leur interdiction l'exception.

Les limites du droit formel

En se réclamant exclusivement d'un droit formel, l'État risque donc un déficit de légitimité. Le droit pourrait alors être considéré comme un simple « appareil idéologique d'État » qui disposerait de sa propre liturgie – son code – et servirait la violence d'État. L'écart entre le droit formel et le droit réel permettrait de pointer cette carence de légitimité. Ce problème se cristallise dans le clivage entre « droits de » et « droits à ». Le « droit de » correspond à la fonction formelle du droit. Le droit de propriété, par exemple, est légalisé et garanti : l'État est là pour faire respecter la propriété privée. Dans ce contexte, son rôle est celui d'un État minimal qui ne vise qu'à protéger la

---

1. Disposition du 19 novembre 1790.

propriété privée et à faire respecter ce qui est inscrit dans la loi :
il s'agit bien d'un État-gendarme, d'un État veilleur de nuit.
Le « droit de » suppose la liberté de choix : dans le cadre de la
loi, l'individu peut ou non devenir propriétaire. Entre les haies
que constituent les lois civiles, chacun agit comme bon lui
semble. Chacun est considéré comme citoyen majeur, pleinement responsable de ses choix existentiels. À l'inverse, les
« droits à » prétendent relever d'une conception substantielle
du droit. Avec eux, le droit exige sa réalisation concrète : le
droit à la propriété, par exemple, doit être accessible à tous.
Car le droit de propriété peut bien être inscrit dans la constitution, il demeure une abstraction si celui qui se trouve dans une
position sociale défavorable ne peut accéder matériellement à
la propriété. L'inégalité réelle des hommes vient ici démentir
l'égalité formelle du droit. Dès lors, il resterait à revendiquer
les moyens de ces droits. L'État n'est plus alors pensé comme
l'arbitre d'un libre-jeu réglementé en faveur de la liberté de
chacun – tel est le cas dans une conception libérale –, mais
comme un justicier prêt à s'immiscer dans les affaires de
chacun au nom de l'intérêt collectif. Une conception holiste
vient ici se substituer à celle individualiste de la société : elle
suppose l'interventionnisme de l'État qui conduit à un empiétement de la sphère publique sur la sphère privée et vise,
au-delà de l'égalité formelle devant la loi, une égalité plus
équitable des conditions socio-économiques. L'apparition des
premiers « droits à » remonte certainement à la *Déclaration
des droits de l'homme et du citoyen* de 1793, et plus particulièrement aux articles 21 et 22 qui portent d'une part, sur
les secours publics, considérés comme une dette sacrée, et
d'autre part, sur l'instruction pour tous. Mais ce type de droits
a trouvé son véritable accomplissement dans le cadre de
l'État-Providence dont François Ewald fait remonter la
naissance, en France, à la date symbolique du 9 avril 1898,
c'est-à-dire au vote de la loi Martin Nadeau sur les accidents

de travail[1]. Cette loi est venue contredire la conception libérale
de la responsabilité telle qu'elle avait été mise en forme à
l'époque napoléonienne et suivant laquelle chacun était traité
comme un individu libre, autonome, censé détenir la maîtrise
de ses actes. Selon cette conception, la sécurité, par exemple,
ne pouvait être considérée comme un droit, mais plutôt comme
le devoir de chacun : pour éviter les accidents de travail, il
suffirait de se montrer vigilant. Au XIXᵉ siècle, la jurisprudence
sur les accidents de travail a commencé par abonder dans ce
sens : l'ouvrier ayant librement contracté pour travailler, il
devait être tenu pour responsable de ce qui pouvait lui arriver.
Mais dès 1841, les tribunaux ont jugé que le patron était
soumis à une obligation de faire respecter le sécurité. Toute
position de supériorité implique, en effet, des responsabilités
accrues, des devoirs sociaux : « *noblesse oblige* ». La loi
Nadeau entérinera ce principe. Avec elle, le sens de la collectivité prime sur l'idéal d'autonomie : l'entreprise en tant que
personne morale doit assumer ce qui se passe en son sein. La
cause de l'accident ne peut être imputée à l'ouvrier, puisqu'il
est souvent la victime de l'enchevêtrement opaque de relations
objectives de causes à effets. L'imputation du tort se déplace
vers ces sujets anonymes que sont l'entreprise ou la société. La
dissymétrie dans la distribution des obligations s'avère alors
d'autant plus nécessaire que grandit l'exposition aux risques,
dans une société industrielle et technologique de plus en plus
complexe. La notion même de risque supplante l'idée de faute.
À l'issue de la révolution française, la raison était censée déli-
miter le droit, en postulant que chaque homme pouvait
être considéré comme *causa sui*. En 1898, la société en tant
qu'entité collective est censée être le critère de la répartition
des droits : la justice redistributive supplante le une simple
justice commutative. Dès lors, toute une philosophie de la soli-
darité apparaît. L'homme solidaire l'emporte sur l'homme
solitaire. En droit, l'École sociologique de Saleilles, Duguit,

1. F. Ewald, *L'État providence*, Paris, Grasset, 1986.

Hauriou évince l'école de l'Exégèse. L'émergence du droit social est concomitante du développement d'une société assurantielle.

Mais sous sa forme la plus exacerbée, la théorie des « droits à » peut conduire à une dissolution de l'individualité dans la collectivité, et se montrer liberticide : elle s'expose alors à une dérive totalitaire. Le paradoxe est donc qu'au nom d'une critique du caractère idéologique du droit formel et d'un passage au droit réel, l'État en arrive à un système de non-droit. Von Hayek a souligné que seul un droit demeurant formel peut laisser toute latitude aux individus pour mener à bien leur existence et lui donner le sens qu'ils veulent lui imprimer. Il recourt à la métaphore expressive du code de la route : « On peut soit établir un code de circulation, soit dire à chaque passant et à chaque automobiliste où il doit aller ; on peut soit pourvoir les routes de signaux lumineux, soit prescrire aux gens le chemin qu'ils doivent prendre. Les règles définies annoncent d'avance quelle sera la réaction de l'État dans des circonstances déterminées. Ces règles sont conçues en formules générales sans viser un moment, un endroit, ou une personne particuliers » [1]. On peut, en effet, concevoir un État où pour aller d'un point à un autre, chacun est libre de ses faits et gestes, de choisir tel ou tel véhicule, de prendre tel ou tel itinéraire, du moment qu'il respecte toutes les règles établies de sécurité. S'il transgresse l'une de ces règles, il sera sanctionné par les représentants de l'État : tel est bien le rôle de l'État veilleur de nuit. Mais on peut concevoir aussi un État qui, au nom d'une organisation harmonieuse de la société, prétendrait prendre en charge tout l'itinéraire existentiel de ses administrés : non seulement, il s'occuperait du mode de locomotion, mais il planifierait la trajectoire sociale qui lui semblerait le plus appropriée. Or, une telle entreprise est vouée à l'échec : non seulement elle porterait atteinte à la liberté

---

1. Von Hayek, *La Route de la servitude*, « Quadrige », Paris, PUF, 1985, chap. 6.

de chacun, mais elle ne pourrait que provoquer une désor-
ganisation de la vie sociale, en raison même de l'hyper-
centralisation du pouvoir qu'elle suppose. En prétendant faire
le bonheur des hommes à leur place, l'État ne peut devenir
qu'un *boa constrictor*. Comme l'a montré John Rawls[1], l'État
ne peut prétendre intervenir dans la question sociale qu'en
régulant les inégalités, plutôt qu'en prétendant les éliminer.
Celles-ci peuvent contribuer à l'amélioration des conditions
de vie de tous, par le biais de transferts sociaux : « Les inégalités sociales et économiques doivent être aménagées de telle
sorte qu'elles soient : a) assurées, en dernière analyse, pour
le plus grand profit des plus défavorisés ; b) attachés à des
emplois et à des postes accessibles à tous dans des conditions
d'égalité équitable des chances ». L'État ne puise sa légitimité
qu'en incitant les individus à se conduire comme des parte-
naires, qu'en veillant à la justice sociale au moyen d'une
redistribution des richesses. Sa mission est alors de favoriser
les possibilités de maximiser le minimum d'avantages dont
disposent les moins bien lotis. Mais John Rawls préconise une
déontologie intransigeante de la justice distributive, puisque le
combat contre les inégalités ne doit jamais aller à l'encontre
de libertés fondamentales. Aussi soumet-il son principe de
différence à un principe de liberté que rien ne peut autoriser
à compromettre : « chaque personne doit avoir le droit à la
plus grande liberté fondamentale, compatible avec une liberté
semblable pour tous ». Refuser le principe de redistribution
reviendrait à vouloir exploiter les contingences naturelles ou
culturelles qui favorisent certains, au détriment d'autres : en
un mot, cette attitude porterait en elle-même la négation de la
liberté, puisqu'elle reviendrait à s'en remettre à un *Fatum*.
Mais inversement le recentrage du droit sur la justice implique
impérativement que l'on ne remette pas en question la liberté :
celle-ci ne se partage pas. En se soumettant à une telle logique
de justice, l'État sort alors d'une pure logique de puissance et

1. J. Rawls, *Théorie de la justice*, Paris, Seuil, 1987, p. 91.

réintroduit une rationalité axiologique, là où la rationalité technique tend à s'imposer trop aveuglément.

L'éthos comme principe de légitimité

L'État de droit ne resterait qu'un édifice creux s'il demeurait uniquement fondé sur la loi et sur le contrat. Un État de droit ne peut se prévaloir de sa légalité si celle-ci vient heurter les mœurs. Les mœurs constituent le creuset véritable du ciment social. La puissance politique s'affirme en donnant du sens à ses décisions et à ses projets, mais elle ne peut le faire qu'en se mettant à l'écoute des mœurs qui constituent l'authentique trame sociale. Celles-ci définissent les contours d'un droit naturel qui vient réguler le droit positif. Alors que ce dernier correspond au versant politique du droit, le droit naturel renvoie à son versant éthique. Avec les mœurs, la figure d'un décideur souverain tout puissant apparaît vaine. Le mot français vient du latin *mores* qui désignent toutes les conduites qui relèvent de l'usage, et non de la loi imposée abstraitement. En grec, Aristote soulignait qu'il suffisait d'une très légère modification pour que la notion d'*éthos* signifie soit « habitude », soit « caractère moral » : or, l'habitude permet justement de forger ce caractère moral[1]. Ce n'est qu'en contractant de bonnes habitudes que l'on peut espérer devenir un bon citoyen. Ainsi la vertu devient une *héxis*, une disposition acquise et durable. Cette articulation du droit sur l'éthique se retrouve chez Montesquieu qui met en relation les mœurs avec « la nature des choses », pour y discerner les principes régulateurs de l'État. Montesquieu insiste sur la fatuité de ceux qui prétendent asseoir leur pouvoir sur un coup d'éclat et soumettre la destinée des hommes à leurs caprices : « On n'offense jamais plus les hommes que lorsqu'on choque leurs cérémonies et

---

1. « La vertu morale (…) est le produit de l'habitude, d'où lui est venu son nom, par une légère modification de ἔθος. Et par suite il est également évident qu'aucune des vertus morales n'est engendrée en nous naturellement », *Éthique à Nicomaque*, II, 1, 1103 a 16-20.

leurs usages. Cherchez à les opprimer, c'est quelquefois une preuve de l'estime que vous en faites. Choquez leurs coutumes, c'est toujours une marque de mépris »[1]. Dans *De l'Esprit des lois*, il se donne pour objectif de mettre au jour les principes régulateurs des lois : cela signifie que les hommes ne se donnent pas des lois civiles de manière arbitraire, mais qu'au contraire les lois « sont les rapports nécessaires qui dérivent de la nature des choses »[2]. Cette notion héritée de la philosophie du droit aristotélicienne lui permet de jeter les bases d'une physique sociale[3]. Cependant, si la loi de la gravitation universelle permet d'expliquer à elle seule, chez Newton, une multitude de phénomènes naturels, Montesquieu montre qu'en aucun cas les faits humains ne relèvent de ce type de loi simple. Les causes profondes n'agissent pas directement sur les phénomènes humains de surface, mais indirectement à partir des mœurs. Ainsi, Montesquieu montre que le pouvoir politique ne peut se réduire à la structure juridique qui le caractérise : celle-ci ne reste qu'une coquille vide si elle n'est pas habitée par une âme. Or, cette dernière n'est rien d'autre que les mœurs, qui constituent le principe dynamique animant le régime politique et faisant agir le gouvernement. Ce principe se situe à l'articulation entre nature formelle du gouvernement et la vie réelle des hommes. Lorsqu'un pouvoir d'État voit sa forme juridique en harmonie avec son principe dynamique, sa stabilité est assurée. En revanche, si la forme du pouvoir n'est plus en adéquation avec son principe dynamique, c'est-à-dire ses mœurs, il risque alors la décadence. Ainsi la force des principes est ce qui donne véritablement la consistance au pouvoir politique. Mais les mœurs sont elles-mêmes influencées par

1. Montequieu, *Considérations sur les causes de la grandeur des Romains et de leur décadence*, Paris, GF-Flammarion, 1968, chap. 11, p. 95.

2. Montesquieu, *De l'Esprit des lois*, I, 1, Paris, GF-Flammarion, 1979, p. 123.

3. « J'ai d'abord examiné les hommes, et j'ai cru que, dans cette infinie diversité des lois et des mœurs, ils n'étaient pas uniquement conduits par leurs fantaisies », Montesquieu, *op. cit.*, Préface, p. 115.

des causes plus profondes qui, en se conjuguant, viennent les façonner : «Plusieurs choses gouvernent les hommes : le climat, la religion, les lois, les maximes du gouvernement, les exemples des choses passées, les mœurs, les manières ; d'où il se forme un esprit général qui en résulte » [1]. Pour reprendre le vocabulaire de Montesquieu, les lois sont «établies», mais les mœurs sont «inspirées». Les grands législateurs ont su s'occuper davantage de l'esprit que de la lettre des lois ; car l'ensemble des constituants de la vie sociale forme le creuset de l'esprit général : «Les mœurs et les manières sont des usages que les lois n'ont point établis, ou n'ont pas pu, ou n'ont pas voulu établir. Il y a cette différence entre les lois et les mœurs, que les lois règlent plus les actions du citoyen, et que les mœurs règlent plus les actions de l'homme » [2]. En raison de l'importance des mœurs ou des manières, et de la force de socialisation qu'elles représentent, on peut comprendre, dès lors, que les mœurs ne peuvent être modifiées par des lois, voire par des décrets. Ainsi, on ne peut changer les âmes par les armes. Montesquieu a compris qu'un État ne peut être fondé sur une logique pure de puissance. La «nature des choses» vient ici montrer les limites du décisionnisme. La puissance de l'État suppose paradoxalement de renoncer à tout volontarisme politique, pour au contraire consentir à la «nature des choses». Comme le remarque Montesquieu : «C'est une erreur de croire qu'il y ait dans le monde une autorité humaine à tous égards despotique ; il n'y en a jamais eu, et il n'y en aura jamais ; le pouvoir le plus immense est toujours borné par quelque coin (…) Il y a toujours dans chaque nation un esprit général, sur lequel la puissance est fondée ; quand elle choque cet esprit, elle se choque elle-même, et elle s'arrête nécessairement » [3]. L'État n'assure sa légitimité qu'en plongeant ses racines dans la société qu'il est censé organiser.

1. Montesquieu, *op. cit.*, XIX, 4, p. 461.
2. Montesquieu, *op. cit.*, XIX, 16, p. 468.
3. Montesquieu, *Considérations…*, *op. cit.*, p. 178.

État et constitution

L'État ne peut donc se contenter d'un droit abstrait. Au contraire, un peuple doté d'une vie éthique vertueuse pourrait se dispenser de recourir à des lois : les mœurs suffisent parfois à réguler la vie sociale. Ainsi peut-on opposer à l'état de droit, l'idéal d'un état de mœurs. Alors que les Romains nous ont légué la grisaille du droit abstrait, Hegel leur opposait la *Sittlichkeit*[1] des Grecs : « Cette chose abstraite qu'est un État, et qui est pour notre entendement l'essentiel, ils ne la connaissaient pas, mais leur fin était la patrie vivante »[2]. À la limite, un peuple suffisamment uni par les mœurs pourrait se dispenser de recourir aux lois, aux tribunaux. Inversement, un État qui ne pourrait disposer que du droit pour imposer l'ordre, se retrouverait constamment en porte-à-faux. Alors que la conscience morale nous sépare de la collectivité pour nous isoler dans notre for intérieur, les mœurs indiquent que notre identité personnelle vient de plus loin que nous-mêmes. Ces dernières supposent un héritage, c'est-à-dire un legs que l'on a à assumer. Chez un peuple doté d'une vie éthique, le droit ne peut être perçu ni comme l'expression d'une volonté transcendante, ni comme une contrainte arbitraire. Ses membres se soumettent spontanément à certaines obligations, à certains devoirs : aussi demandent-ils à l'État que sa législation soit soumise à l'aune du mode de vie concret qu'ils partagent volontairement. Ainsi, cet ensemble de mœurs joue un rôle déterminant pour la constitution de l'État. Car celle-ci ne peut elle-même se contenter d'être formelle. La

1. Hegel distingue fermement la *Moralität* de la *Sittlichkeit*. Celle-là désigne l'exigence morale de la conscience subjective de l'individu; celle-ci désigne les « bonnes mœurs » et renvoie aux *Sitten*, c'est-à-dire aux coutumes, à ce monde objectif des habitudes collectives. Dans sa traduction des *Principes de la philosophie du droit* de Hegel, Derathé traduit ce concept par « vie éthique ».

2. Hegel, *Leçons sur la philosophie de l'histoire*, Paris, Vrin, 1967, p. 194-195.

constitution est la véritable puissance qui garantit la légitimité
de l'État : elle détient une autorité supérieure à celle de la loi
ordinaire. Déjà, dans l'Antiquité, elle était considérée comme
l'âme de la cité. Aussi ne peut elle se réduire à l'ensemble
des institutions : elle est, au contraire, le principe innervant
la collectivité. Une société s'avère politique quand elle est
consciente de former une puissance publique : dès lors, la
constitution ne peut apparaître comme un phénomène strictement juridique relevant exclusivement d'un droit constitutionnel. La constitution renvoie d'abord à une conscience
politique, plutôt qu'à une simple norme. Le droit ne peut donc
se substituer au politique : il suppose une communauté de
conscience déjà formée ou en voie de formation. Tant que le
sentiment de former une puissance publique n'est pas apparu,
aucun droit ne peut s'exercer valablement. S'il est bien vrai
que la constitution organise la vie de l'État, celle-là présuppose la conscience politique de l'appartenance à une communauté, qui apparaît alors comme sa condition de possibilité,
sans quoi le corps politique serait condamné à la discontinuité :
celui-ci serait supposé ne plus exister, par exemple, dans
l'intervalle entre l'obsolescence d'une ancienne forme de
gouvernement et la promulgation d'une nouvelle. Toute
constitution suppose l'existence d'un pouvoir constituant :
celui-ci est le puits de la légitimité. C'est pourquoi, nous
pouvons souscrire à ce que disait Aristote : « Les lois doivent
se régler, et se règlent en fait, sur les constitutions et non les
constitutions sur les lois »[1]. Seule cette conscience politique
incarnée est l'âme de l'État. La constitution qui en émane est
alors le vrai fondement du rôle régulateur des institutions
juridiques et vient effectivement amortir les à-coups du décisionnisme volontariste. Bien plus, une constitution n'a donc
pas besoin nécessairement d'être écrite et codifiée systématiquement : elle peut reposer, comme la constitution anglaise,
sur des actes de nature diverse, tels que les contrats, les lois

1. Aristote, *La Politique*, Paris, Vrin, 1995, IV, 1, 1289 a 12-15.

singulières, les coutumes et les précédents… Le risque d'une constitution qui se voudrait exhaustivement écrite et codifiée systématiquement résiderait dans la présupposition d'une volonté synthétisante, qui ne pourrait être que monocratique : celle d'un décideur souverain qui vivrait dans l'illusion de vouloir embrasser *a priori* tous les problèmes[1]. Celui-ci se voudrait le principe englobant qui prétendrait structurer toutes choses. Une constitution légitime ne peut être encore qu'une mosaïque de lois constitutionnelles, qu'un *patchwork*. Une constitution écrite n'est jamais totalement commensurable avec la vie réelle et concrète d'une collectivité. Bien plus, certaines dispositions généralement inscrites dans les constitutions juridiques écrites n'ont, en fait, aucun caractère juridique et renvoient plutôt à une tradition politique. Le droit constitutionnel demeure lui-même tributaire de « principes généraux du droit »[2] qui apparaissent comme des règles non-écrites, et pourtant présentes en filigrane dans la plupart des textes. Ceux-ci existent à l'état latent dans la tradition juridique : ils sont induits par les textes et relèvent de la réflexivité du droit sur lui-même, c'est-à-dire de cette véritable conscience de soi du droit qui est prise en considération par le conseil d'État ou le conseil constitutionnel. Ces principes généraux du droit sont l'effet d'une sédimentation juridique et assurent l'auto-régulation du droit : ils montrent qu'un système juridique reste lié à sa propre histoire, à sa propre tradition. Ils fondent une sorte de « droit naturel positif » qui témoigne d'un positivisme critique à l'égard de la légalité instituée par la volonté politique : n'importe quel contenu ne peut alors devenir du droit.

1. C'est ce parti-pris idéologique que défend Carl Schmitt puisqu'il ne conçoit la constitution écrite que comme l'expression « en bloc de la normation globale de la vie étatique » : « L'idée d'une constitution écrite devrait donc, si l'on était conséquent, en rester à celle d'une codification close et à une notion absolue de constitution », *Théorie de la constitution*, « Léviathan », Paris, PUF, 1993, p. 144.

2. Ce problème est abordé par F. Ewald, *op. cit.*, p. 507-517.

Le tribunal de l'opinion publique

Si le formalisme rationnel du droit ne suffit pas pour assurer la légitimité de l'État, celle-ci ne peut pour autant se prévaloir d'un naturalisme des mœurs : l'État est une invention humaine et non un produit de la nature. Pour Montesquieu, comme pour Aristote, la « nature des choses » ne s'identifie pas avec la nature, au sens strict. La « nature des choses » ne signifie pas que les « choses » soient pour autant toutes dans la nature. Le mot grec pour désigner les choses est *ta pragmata* : il indique que ces choses sont inséparables de leur mise en pratique, c'est-à-dire de la *praxis*. Cette « nature des choses » renvoie donc plutôt à une sédimentation des pratiques. Les mœurs s'interposent précisément entre les causes profondes qui conditionnent les hommes et les lois juridico-politiques qu'ils élaborent. Les mœurs sont la réponse empirique que les hommes ont trouvé pour gérer leurs rapports avec la « nature des choses ». La spécificité des situations humaines fait que les causes mécaniques peuvent certes produire des effets sur les conduites humaines, mais celles-ci ont le pouvoir de réagir sur celles-là et les font rentrer dans un réseau de significations [1]. Le déterminisme est en quelque sorte apprivoisé par les hommes à travers les mœurs. Inversement, les formes juridico-politiques doivent s'ajuster aux mœurs. Les mœurs possèdent donc une position médiane entre l'instance de la volonté politique et les pesanteurs de la « nature des choses ». Elles disposent d'une autonomie relative vis-à-vis des causes profondes mécaniques et

---

1. Il s'en faut de beaucoup pour que la philosophie politique de Montesquieu se réduise à un fatalisme, puisque les hommes possèdent un libre-arbitre : « Il s'en faut bien que le monde intelligent soit aussi bien gouverné que le monde physique. Car, quoique celui-là ait aussi des lois qui, par leur nature, sont invariables, il ne les suit pas constamment comme le monde physique suit les siennes. La raison en est que les êtres particuliers intelligents sont bornés par leur nature, et, par conséquent, sujets à l'erreur ; et, d'un autre côté, il est dans leur nature qu'ils agissent par eux-mêmes », *De l'Esprit des lois*, I, 1, p. 124.

sont capables de produire un effet de rétroaction sur celles-ci. Les mœurs jouent un rôle de médiation entre, d'une part, le politique qui apparaît comme un pôle de liberté puisqu'il permet l'initiative humaine, et d'autre part, la « nature des choses » qui apparaît comme un pôle de nécessité. En ce sens, plus un peuple est « politisé », plus ses mœurs seront l'expression d'une liberté : tel est bien le cas de la vertu, dans la République. Mais Montesquieu fait intervenir également une différence entre les mœurs et les manières : « Il y a cette différence entre les mœurs et les manières, que les premières regardent plus la conduite intérieure, les autres l'extérieure »[1]. Ainsi, les mœurs relèvent davantage de la conduite intérieure de l'homme, alors que les manières concernent plutôt sa conduite extérieure. Les manières constituent donc à leur tour une médiation entre les mœurs et les lois : elles viennent extérioriser l'efficience des mœurs et les publicisent. En ce sens, si les mœurs révèlent notre être-au-monde, les manières relèvent plutôt de notre être-pour-autrui. Aussi est-ce bien par le biais de ces manières que les mœurs se constituent en opinion publique et celle-ci vient directement peser sur les décisions politiques, au sein même de l'État. Rousseau a su insister sur ce lien fondamental entre les mœurs et l'opinion. Après avoir répertorié les trois types de lois qui régissent un corps politique – les lois fondamentales, les lois civiles, et les lois pénales –, il précise que ces lois ne suffisent pas encore pour asseoir un pouvoir d'État : « À ces trois types de lois, il s'en joint une quatrième, la plus importante de toutes ; qui ne se grave ni sur le marbre ni sur l'airain, mais dans le cœur des citoyens ; qui fait la véritable constitution de l'État ; qui prend tous les jours de nouvelles forces ; qui, lorsque les autres lois vieillissent ou s'éteignent, les ranime ou les supplée, conserve un peuple dans l'esprit de son institution, et substitue

---

1. Montesquieu, *op. cit.*, XIX, 16, p. 468.

insensiblement la force de l'habitude à celle de l'autorité. Je parle des mœurs, des coutumes, et surtout de l'opinion »[1]. Il ne peut y avoir de pouvoir légitime sans confiance : or, celle-ci est affaire de croyance ou d'opinion[2]. Il s'agit ici de la seule loi à laquelle les hommes ne peuvent se soustraire, lorsqu'ils vivent en société. L'opinion opère la réfraction de ces « génies invisibles » qui forgent la légitimité : elle cristallise les sourdes influences, mais en même temps leur donne une voix toujours particulière. Aussi, l'opinion publique est la résultante de forces contraires : d'une part, l'opinion tend à exprimer toujours d'un point de vue singulier les tendances lourdes qui nourrissent les racines de la légitimité, mais d'autre part, en s'extériorisant, elle se publicise, et dès lors corrige son point de vue singulier, se rectifie au fur et à mesure de l'expérience de la confrontation des opinions, et s'affine. Elle est à la fois l'expression d'un libre-arbitre qui use à sa guise de la caution de légitimité qu'un individu peut ou non accorder à un pouvoir, et d'autre part, en s'extériorisant, l'opinion s'expose au risque de la réfutation et se soumet à la possibilité de la critique. Sa fluidité est alors le symptôme qu'une croyance suppose toujours l'intervention d'un assentiment personnel, et donc d'un libre-arbitre qui s'exprime dans un « tenir-pour-vrai », tout en étant tributaire de l'influence d'autres libres-arbitres. Parce qu'elle est sans intimité, la fluidité de l'opinion publique est donc capable de produire des « précipités » dont l'alchimie vient défier toute conception rigide de la gestion et de la prévision de l'état d'une société.

---

1. Rousseau, *op. cit.*, II, 12, p. 94.

2. Locke l'avait également souligné en faisant jouer un rôle fondamental à la « loi de l'opinion ou de réputation », cf. *Essai philosophique concernant l'entendement humain*, II, § 7, Paris, Vrin, 1994, p. 280-283.

IV. ÉTAT ET REPRÉSENTATION

L'État présente la particularité d'être une puissance invisible : ainsi Burdeau s'étonnait que personne n'aie jamais vu l'État[1]. L'État est l'œuvre de l'activité symbolique de l'homme qui permet de s'approprier le réel en le mettant à distance. Certes, de nombreux signes partiels indiquent indirectement sa toute-puissance, mais il semble cultiver une propension à la transcendance. Parce qu'il se veut une idée, il demeure une abstraction. Dès lors, son existence semble échapper à toute approche phénoménologique. Aussi, l'État entretient-il un lien privilégié avec la représentation : il lui est nécessaire de se faire représenter. C'est pourquoi, un chef d'État, plus que tout autre chef politique, ne peut jamais prétendre ne représenter que lui-même. Tout en étant un individu concret, il est toujours en représentation de quelque chose qui le transcende. Ceux qui sont en charge du pouvoir doivent s'englober dans un ensemble qui les dépasse, et leur présence existentielle tend à être sublimée, en raison même de leur fonction. Mais la logique de la représentation semble alors mener ici à un cercle vicieux : le représenté est une abstraction idéelle, mais le représentant se complaît lui-même à cultiver une forme de transcendance mystérieuse. Nous sommes certainement ici au cœur du paradoxe de l'État : comment échapper à ce travers pour que la représentation possède une réelle authenticité politique ?

La mystique de la représentation

Le pouvoir d'État ne trouve sa justification que dans sa prétention à représenter le peuple. Au XVIIᵉ siècle, Thomas Hobbes est celui qui a certainement le mieux saisi cet enjeu : au cœur du Léviathan, il définit l'État comme une personne publique artificielle. Le contrat d'autorisation du pouvoir

---

1. G. Burdeau, *op. cit.*, p. 13-14.

politique consiste à « désigner un homme, ou une assemblée, pour assumer leur personnalité (*to beare their Person*) »[1]. Le souverain ne peut justifier son pouvoir que s'il représente la puissance du tout de la collectivité. Ainsi l'acte de représenter ne serait pas neutre : représenter ne se réduirait pas à prendre la place d'un absent. Toute représentation opérerait une valorisation et une dignification du représenté dans la personne du représentant : l'État est « *united in the Person of one Sovereign* »[2]. Bien plus, elle détiendrait une valence ontologique : elle contribuerait à faire être quelque chose qui jusqu'alors n'existait pas et restait invisible. En effet, pour Hobbes, un peuple n'est pas un peuple tant qu'il n'est pas représenté par un pouvoir politique. Le peuple est censé se distinguer de la multitude[3]. L'acte même de représenter transformerait une *multitudo dissoluta* (*a disbanded multitude*) en peuple. Le représentant transforme un rassemblement hétéroclite d'individus en un tout unifié. Chacun est l'auteur de cette personne fictive qu'il concourt à fabriquer artificiellement, mais par une sorte d'effet en retour, chacun perd son individualité dans cette opération, pour se retrouver intégré en elle. Aussi, cette personne artificielle n'est pas moins réelle, mais au contraire bénéficie d'une augmentation ontologique qui lui donne une densité inégalée. L'originalité de la position de Hobbes tient à ce qu'il lie étroitement les deux opérations d'incorporation et de représentation : « C'est l'unité de celui

---

1. Hobbes, *Léviathan*, chap. 17, p. 177.
2. Carl Schmitt a bien compris l'importance de cette problématique chez Hobbes. Lui-même souscrit au principe selon lequel tout État implique la représentation : « Il n'y a pas d'État sans représentation », *Théorie de la constitution*, p. 343. Mais il ne tient pour légitime que la conception mystique de la représentation.
3. Hobbes, *De Cive*, XII, § 8, Paris, Sirey, 1981, p. 228 : « Le peuple est un certain corps, & une certaine personne, à laquelle on peut attribuer une volonté, & une action propre : mais il ne se peut rien dire de semblable de la multitude. C'est le peuple qui règne en quelque sorte d'État que ce soit : car, dans les monarchies même, c'est le peuple qui commande, & qui veut par la volonté d'un seul homme. Les particuliers et les sujets sont ce qui fait la multitude ».

qui représente, non l'unité du représenté, qui rend une la personne »[1]. Le peuple n'est donc pas une réalité naturelle : il s'agit de le produire par le commandement, drapé dans la représentation. Celui qui représente incorpore, et par cette opération même, s'autorise du corps qu'il produit. Chez Hobbes, nous nous trouvons en pleine ambivalence : la représentation apparaît d'abord comme une sorte de représentation–mandat, en tant que pacte d'autorisation établi par la multitude, mais qui rend possible une représentation d'une tout autre nature : celle d'une unité politique du peuple. Selon cette conception, la représentation posséderait une véritable dimension mystique : par une sorte de double transsubstantiation, la réalité prosaïque de la multitude se dote d'un corps sublimé à travers la personne du souverain qui est censé la représenter, et ce dernier se dote d'une aura spécifique, puisqu'il prétend incarner, par sa présence, le méta-corps de la collectivité considérée comme une puissance publique unifiée. Cette ambiguïté se cristallise dans la notion d'*Actor* : les actes et les paroles du représentant sont censés émaner du peuple, mais paradoxalement celui-ci ne se manifeste comme tel que dans les actes et les paroles du souverain. Le commandement politique demeure ici la condition transcendantale de la représentation : bien plus, il est surtout la condition *sine qua non* qui permet d'effectuer le saut qualitatif entre une représentation-mandat et la représentation iconique de l'unité politique du peuple. La représentation possède ici une fonction iconique, puisqu'elle est censée faire voir un invisible. Le souverain est bien l'acteur dont la multitude est l'auteur anonyme, car ce n'est que dans les actes du souverain que le peuple se reconnaît comme l'auteur du texte de la scène : « Les paroles et actions de certaines personnes artificielles sont reconnues comme siennes par celui qu'elles représentent. La personne est donc l'acteur; celui qui en reconnaît pour siennes les

---

1. Hobbes, *Léviathan*, XVI, p. 166.

paroles et actions en est l'auteur »[1]. La représentation est ici un acte et non un état, et le discours même du représentant est un « faire ». L'action du souverain agit en retour sur la multitude et fait de celle-ci un véritable auteur politique qui apparaît au fur et à mesure que l'acteur parle et impose ses décisions. Selon Hobbes, la représentation politique donnerait à voir, telle une image symbolique, une puissance invisible latente. Le fondement ne trouverait son accomplissement que dans la personne du représentant : l'image symbolique serait donc dotée d'une force ontologisante[2]. Elle permettrait de rendre sensible une substance abstraite qui ne pourrait jamais, par principe, être directement donnée dans le sensible : en l'occurrence, le peuple. Le représentant ne supplée pas ici l'absence de quelqu'un qui circonstanciellement n'est pas là, mais au contraire de quelqu'un ou de quelque chose qui, par principe, ne peut se rendre présent par lui-même. Il s'agirait ici, en quelque sorte, de représenter un « irreprésentable ». Si le *terminus a quo* de la genèse du pouvoir d'État est la force qui se traduit par la relation de commandement et d'obéissance, son *terminus ad quem* ne saurait être autre que la représentation de la puissance qui est censée émaner de l'organisation des membres de la collectivité en un tout politique. En se haussant de l'individualité empirique à la fonction, le représentant ne serait plus vraiment lui-même : il deviendrait l'image iconique de la puissance publique. En même temps, il permettrait à celle-ci de s'actualiser, sans quoi elle demeurerait dans l'indétermination. Selon cette mystique, le pouvoir d'État disposerait de ressources quasi-divines qui auraient pour vertu de transfigurer son rôle. C'est pourquoi, Louis XIV pouvait affirmer, en 1655, devant le Parlement : « L'État, c'est

1. Hobbes, *op. cit.*, XVI, p. 162.
2. « L'idée de représentation repose sur le fait qu'un peuple existant comme unité politique possède un genre d'être plus haut et plus élevé, plus intense que l'existence naturelle d'un groupe humain... La représentation produit une manifestation concrète d'un genre supérieur d'être », C. Schmitt, *Théorie de la constitution*, p. 347.

moi ! ». Servir l'État reviendrait à être investi d'un rôle insigne qui consisterait à incarner la puissance publique. L'État semble donc reposer sur une contradiction entre la logique d'abstraction du pouvoir qui l'inspire – servir la Couronne ou la République – et une logique d'incarnation incontournable dont il ne pourrait faire l'économie – figurer la volonté politique de cette Couronne ou de cette République[1]. Aussi, cette conception mystique de la représentation entretient l'illusion de la transcendance : à la fois, la transcendance du représentant politique, et à travers lui, la transcendance de la puissance publique, c'est-à-dire la transcendance du tout sur les parties, du peuple comme tout unifié sur ce qui est considéré comme simple multitude. L'autorité dont dispose le représentant ne pourrait venir que d'en haut.

Le mythe inversé de l'identité immédiate du peuple

Cependant, lorsque la représentation tend à occulter le lien ombilical qui la relie aux membres concrets de la collectivité et prétend plutôt incarner des abstractions censées les transcender, le risque est grand que ceux-ci ne se reconnaissent plus dans leurs représentants politiques, et même dans leur État. Aussi peut-on être tenté de rejeter le principe de représentation pour lui substituer un principe d'identité, c'est-à-dire cultiver le mythe inverse d'un peuple présent à lui-même immédiatement, sans recourir à la représentation. En s'opposant à Hobbes, Rousseau a contribué au développement de ce mythe. Dans *Du Contrat social*, Rousseau prétend empêcher toute transcendance du pouvoir, en jetant les bases d'une conception immanentiste de la volonté politique. En effet, chacun contractant avec tous ferait entendre immédiatement la voix de la volonté générale, c'est-à-dire celle du peuple en corps. La réciprocité immédiate du contrat ferait que, par un tour de

---

1. Au temps de la monarchie absolue, les ordres donnés par le pouvoir d'État gardent la marque de la présence existentielle du souverain : « *sic volo, sic jubeo* ».

passe-passe immédiat, « chacun se donnant à tous ne se donne
à personne », puisque par cet acte même, chacun se fondrait
dans le corps du peuple. Rousseau insiste sur ce qu'il faut bien
considérer comme un miracle politique : « À l'instant, au lieu
de la personne particulière de chaque contractant, cet acte
d'association produit un corps moral et collectif composé
d'autant de membres que l'assemblée a de voix, lequel reçoit
de ce même acte son unité, son moi commun, sa vie et sa
volonté »[1]. Pourquoi recourir à la représentation quand la
fusion de tous en un peuple-un pourrait se faire instanta-
nément ? Toutefois, Rousseau fait relever ce principe d'identité d'une convention, et donc d'une procédure artificielle. En
outre, il opère lui-même une fuite en avant dans l'abstraction
puisqu'il prétend pouvoir distinguer la volonté générale de la
volonté de tous[2] : chaque individu pourrait spontanément agir
comme « citoyen », abstraction faite de ses intérêts particuliers. La volonté générale serait l'expression de celle du
citoyen en tant qu'il se déterminerait exclusivement en
fonction de l'intérêt général. La volonté de tous est ici disqua-
lifiée, parce qu'elle ne serait que la somme agrégative des
intérêts privés egocentrés, alors que la volonté générale se veut
l'expression de l'unité organique du tout social unifié
politiquement. Enfin, Rousseau montre lui-même les limites
de son projet immanentiste, puisqu'il fait appel à de grands
législateurs pour inspirer le peuple. Bien plus, le contrat social
ne pourrait se passer d'un recours à la transcendance religieuse
pour asseoir son autorité[3].

La conception immanentiste du pouvoir politique ne
semble pouvoir trouver son plein accomplissement que dans
le postulat d'une identité donnée naturellement. Selon cette
conception, le peuple préexisterait concrètement comme
unité politique réfléchissant immédiatement son identité. La

---

1. Rousseau, *Du Contrat Social*, *op. cit.*, I, 6, p. 57.
2. Cf. Rousseau, *op. cit.*, II, 3, p. 68.
3. Cf. Rousseau, *op. cit.*, II, 7, p. 82 et IV, 8.

condition *sine qua non* de ce principe d'identité serait que l'ensemble des membres de la collectivité possédassent une conscience aiguë de leur similarité[1]. Si l'homogénéité du peuple était réalisée naturellement, la représentation s'avérerait inutile. À la limite, l'État deviendrait lui-même superflu, puisqu'il viendrait faire écran à la volonté transparente du peuple. Selon ce principe d'identité exaspéré, le peuple pourrait être capable d'agir politiquement par sa simple existence immédiate. Cette critique du principe de représentation cultive le mythe pernicieux d'une identité sans médiation nécessaire. Elle ne peut le faire qu'à partir d'une interprétation restrictive du mot nation, en jouant sur son étymologie qui le fait dériver de « nature » et de « naissance ». Dès lors, une telle conception implique la stigmatisation de l'étranger et du non-semblable qui menacerait sans cesse l'homogénéité présupposée. Il suffirait que les dirigeants politiques soient identifiés sur ces critères pour qu'une dictature ethnique soit justifiée. Ainsi, dans *État, mouvement, peuple*[2], Carl Schmitt met en avant la notion d'identité raciale du peuple. Pourtant, quelques années avant ce texte qui témoigne de sa compromission avec le régime nazi, Schmitt reconnaissait lui-même qu'« il n'existe nulle part à aucun moment une identité totale et complète du peuple présent avec lui-même en tant qu'unité politique »[3]. L'idée d'une homogénéité substantielle du peuple n'est qu'une fiction dangereuse qui nourrit l'anti-parlementarisme. Carl Schmitt préconise ainsi de contourner le recours aux députés en laissant les électeurs répondre par oui et par non à une question qu'on leur poserait : tel serait le modèle de la décision populaire (*Real-Plebiszit*). Pour lui, la démocratie représentative n'est encore qu'un mixte entre deux principes contradictoires. Mais la démocratie représentative peut être

1. C. Schmitt utilise le terme de « *Gleischartigkeit* » que l'on traduit aussi par homogénéité.

2. C. Schmitt, *État, mouvement, peuple*, Paris, Kimé, 1997.

3. C. Schmitt, *Théorie de la constitution*, *op. cit.*, p. 344.

aussi menacée par une sorte d'avatar de ce principe d'identité qui a pour nom le populisme. Le populiste est un personnage à la mode aujourd'hui : par réaction contre les élites, il prétend s'identifier avec le peuple et être dans son intimité, à tel point qu'il prétend se faire l'écho des rancœurs inavouables et des obscures frustrations de chacun. Il joue sur deux tableaux : candidat à la représentation, il flatte en même temps les pires replis identitaires. Aussi la politique fondée sur ce succédané du principe d'identité n'est plus que démagogie.

La représentation comme puissance à part entière

Faire croire que l'unité politique pourrait relever d'une identité substantielle donnée immédiatement constitue un mirage dangereux. Au contraire, l'État ne trouve sa justification que dans un principe de représentation de cette unité politique : dans le cadre de l'État, celle-ci n'existe toujours que par le biais de la représentation. L'État moderne n'assoie sa légitimité qu'en prétendant représenter le peuple. Leo Strauss a souligné que, dans l'État moderne, la légitimité repose – à la différence de l'Antiquité – sur un principe de représentation plutôt que sur un principe d'éducation[1]. Selon la conception classique, seule la sagesse justifierait le commandement politique : le gouvernement des philosophes, préconisé par Platon, en serait l'illustration la plus éclatante. En revanche, avec l'État moderne, le commandement politique ne peut espérer trouver sa justification que dans l'opinion. Le problème n'est plus de se demander : « Dis-moi ce que tu sais, pour que je te fasse allégeance », mais plutôt : « Dis-moi ce que tu repré-

1. Cf. L. Strauss, *La Philosophie politique de Hobbes*, Paris, Belin, p. 228. Leo Strauss cite ici E. Barker : « Les Grecs croyaient à la nécessité de l'éducation pour que les opinions communes s'accordent et s'harmonisent à l'esprit et au style d'une loi fondamentale et immuable. Les modernes croient à la nécessité d'une représentation qui ajuste et harmonise une loi subordonnée, fluctuante et changeante au mouvement d'une opinion publique souveraine ou d'une volonté générale ».

sentes, pour que je t'accorde ma confiance ». Encore faut-il cependant que ce principe de représentation soit débarrassé de toute gangue mystique.

L'État ne peut asseoir sa légitimité qu'en institutionnalisant le rôle fondamental joué par l'opinion publique : le parlement apparaît bien comme le lieu institutionnel le plus propice pour recueillir son expression. La formation des parlements modernes fut le corollaire de la nécessité pour l'État d'assurer la légitimité du droit positif qu'il est censé faire respecter. Par définition, le parlement est le lieu où l'on parle, où l'on surmonte par la parole l'antagonisme des contradictions : « L'institution qui caractérise principalement l'État constitutionnel est le parlement qui, exprimant les désirs et la morale vivante de la société-communauté particulière, permet et contrôle l'action rationnelle et raisonnable du gouvernement »[1]. Le parlement est la condition *sine qua non* d'un « gouvernement par la discussion ». En faisant du parlement la source même des lois, l'État voit le pouvoir en son sein se dédoubler : le pouvoir de celui qui commande et le pouvoir de celui qui légifère ne peuvent se confondre. Nous sortons ici du schéma hobbien où ces deux pouvoirs étaient fondus : ici, les principes de représentation et de commandement sont désormais séparés. Ce n'est plus l'acteur-decideur qui incorpore le peuple, mais le pouvoir législatif issu de la *multitudo soluta* : il sert d'opérateur de transformation de la multitude en volonté

1. É. Weil, *Philosophie politique*, Paris, Vrin, 1966, p. 167. Bien entendu, Carl Schmitt ne souscrit pas à cette idée : « Face à une démocratie immédiate au sens non seulement technique mais encore vital, le parlement issu d'une pensée libérale apparaît comme une machinerie artificielle, alors que des méthodes dictatoriales et césaristes peuvent non seulement être portées par l'*acclamatio* du peuple, mais encore être des expressions immédiates de la substance et de l'énergie démocratiques », *Parlementarisme et démocratie*, Paris, Seuil, 1988, p. 115. En allant ici jusqu'au bout de la logique de son principe d'identité, Schmitt privilégie la prétendue vie immédiate du peuple : au point que la dictature pourrait être démocratique, alors qu'un régime représentatif ne le serait pas !

du peuple. Nous pouvons alors observer une double tension, qui entraîne un double écart : d'une part, entre la *multitudo* et ces instances du pouvoir d'État que sont le législatif et l'exécutif ; d'autre part, entre le législatif et l'exécutif, qui désormais s'auto-limitent l'un l'autre. Nous avons alors affaire à une concurrence politique entre deux sortes de représentation : celle exercée par le pouvoir exécutif et celle exercée par le pouvoir législatif. La stabilité de l'État est fondée ici sur la tension entre des puissances contraires. Mais cette tension est aussi celle qui se manifeste nécessairement dans l'écart entre la *multitudo* et l'institution parlementaire. Cette tension s'explique parce que le parlement n'est pas lui-même à l'abri d'une dérive mystique de la représentation. Il peut revendiquer un pouvoir à part entière avec toutes les prérogatives de la souveraineté, comme celle de la capacité à s'auto-amnistier, par exemple. Bien plus, le représentant du peuple peut lui-même se réclamer d'une conception iconique de la représentation : le député ne se veut pas l'élu d'une simple circonscription, mais de toute la nation. Considérer le député élu au parlement, non pas comme le mandataire des intérêts de la majorité de sa circonscription, mais exclusivement comme le représentant du peuple entier, peut alimenter de nouveau le mythe d'une transcendance de l'État.

Les conditions d'une représentation légitime

L'élection de représentants du peuple, au sein de l'État, entretient une ambiguïté, puisqu'elle se veut tout à la fois démocratique et aristocratique : en effet, élire suppose de choisir le meilleur. C'est pourquoi une représentation légitime requiert la pratique des mandats et des instructions : en aucun cas, le représentant ne peut être délié de toute obligation. La représentation ne peut se penser comme indépendante de ceux qui l'ont établie, puisqu'elle n'est encore que le prolongement de la manifestation publique de ces derniers comme citoyens. Bernard Manin l'a souligné : « Le gouvernement représentatif est, en ce sens, un régime où les représentants ne peuvent jamais dire avec une confiance et une certitude absolues : « *Nous, le peuple* ». La représentation absolue comme l'auto-gouvernement du peuple ont pour effet d'abolir l'écart entre gouvernants et gouvernés, celui-ci parce qu'il fait des gouvernés les gouvernants, celle-là parce qu'elle substitue les représentants aux représentés. Le gouvernement représentatif maintient au contraire l'écart »[1]. Il s'agit bien de rejeter deux formes perverses d'identité : d'une part, celle liée à la conception immanentiste du pouvoir politique qui postule qu'un peuple pourrait disposer immédiatement de son identité ; d'autre part, cette conception transcendante que Hobbes a préconisée et qui considère que le peuple ne devient une entité dotée de volonté et capable de s'exprimer que dans et par la personne du représentant souverain. En un mot, il s'agit d'éviter tout à la fois le mirage d'un peuple sans la représentation et celui de la représentation sans le peuple. La représentation ne peut renvoyer à une notion hypostasiée du peuple – c'est-à-dire à une abstraction abusivement réifiée –, sans se couper de la réalité prosaïque de la multitude, qui est pourtant la seule réalité tangible du peuple. La puissance publique ne résulte que d'un tissu de relations relevant d'une pluralité différenciée d'individus qui se présentent comme les foyers initiateurs de leurs actes. Ces relations perdurent dans la représentation dans la mesure où celle-ci demeure tributaire de mandats et d'instructions qui la conditionnent. Elle-même ne peut faire l'économie de promesses qui engagent ceux qui les formulent et qui ainsi s'obligent vis-à-vis des citoyens. Dès lors, le représentant ne peut recevoir son autorité que des citoyens eux-mêmes et non pas de la fiction d'un absolu fétichisé – fût-il la nation. La responsabilisation du pouvoir législatif apparaît comme la clef de voûte d'un État constitutionnel soucieux de sa légitimité. John Locke symbolise cette exigence de donner

---

1. B. Manin, *Principes du gouvernement représentatif*, Paris, Calmann-Lévy, 1995, p. 223.

la primauté au pouvoir législatif sur le pouvoir exécutif : il
constitue le pouvoir suprême de la république. Il est l'objet de
la première loi constitutionnelle de l'État : « La première loi
positive fondamentale de toutes les sociétés politiques a pour
objet l'établissement du pouvoir législatif »[1]. Celui-ci est véritablement « l'âme » qui confère à l'État « sa forme, sa vie et son
unité ». Il est la conséquence directe de la situation née du pacte
générateur de l'État. Il relève d'une théorie de l'autorisation
qui fait du peuple le véritable auteur des lois de la république.
Le peuple n'est plus ici une autorité formelle, mais apparaît
comme le véritable pouvoir constituant. Ce pouvoir constituant du peuple sert non seulement à empêcher que l'exécutif
se place au-dessus ou en dehors des lois, en cédant au vertige du
pouvoir, mais il permet de contrôler le pouvoir législatif lui-
même[2]. À la différence de Hobbes, Locke n'admet aucune
exception en ce qui concerne l'application des lois : elles
s'imposent *erga omnes* et aucun magistrat – fût-il du rang le
plus élevé – ne peut se retrouver *ex lex*. Aussi assistons-nous ici
à une déconstruction de la raison d'État : les prérogatives liées
au commandement politique ne peuvent être que limitées.

Mais ce peuple ne se constitue pas en transcendant les
intérêts des individus : le contrat originaire des sociétés civiles
présuppose le consentement libre de celui qui pactise[3]. Le

---

1. Locke, *Deuxième traité du gouvernement civil*, § 134, Paris, Vrin, 1985,
p. 151.

2. « La communauté reste donc perpétuellement investie du pouvoir
suprême d'assurer son propre salut et de déjouer, à cet effet, les tentations et les
entreprises de quiconque, même celles de ses propres législateurs, s'ils témoignent d'assez de sottise, ou de perversité, pour former des complots contre la
liberté des sujets ou leurs biens et pour les exécuter », Locke, *op. cit.*, § 149,
p. 161.

3. « Toutes les fois que des hommes, en nombre quelconque, s'unissent
en une même société, si bien que chacun renonce au pouvoir exécutif qu'il tient
du droit naturel et le confie au public, il y a là seulement, une société politique
ou civile », *op. cit.*, p. 124. Précisons qu'en Angleterre, l'expression *political
society* ou *civil society* est utilisée à la fin du XVIIᵉ siècle pour désigner l'État,
car le terme de *state* n'est pas encore d'un usage courant. Plus globalement, au

peuple n'est plus ici pris comme une totalité organique donnée immédiatement : Locke utilise l'expression « en nombre quelconque » pour désigner l'indétermination du nombre de ceux qui peuvent s'unir pour former un État. À la différence du *covenant* Hobbien ou rousseauiste, la convention génératrice de l'État ne requiert pas l'unanimité. En outre, John Locke s'est efforcé de désensorceler la représentation politique, en soumettant celle-ci à deux conditions fondamentales : 1) nul ne saurait conférer plus de pouvoir qu'il n'en possède lui-même[1] ; 2) chaque fois qu'un pouvoir est conféré comme l'instrument d'une certaine mission, en vue d'une certaine fin, il a cette fin comme limite[2]. Enfin, Locke a opéré un déplacement symptomatique : aucune décision ne peut être prise par des individus qui prétendraient incarner substantiellement la totalité de la collectivité, mais par uniquement le consentement d'une majorité, face à une minorité : « Il faut que chaque individu accepte le consentement de la majorité comme l'équivalent rationnel de la décision de l'ensemble et s'y soumette »[3]. Le recours, chez Locke, à la *majority rule* met fin ici encore au rêve mystique de la recherche irrationnelle d'une unanimité sans faille. La règle de la majorité suppose alors la représentation de la minorité et la reconnaissance corrélative d'une opposition permettant de représenter le peuple comme une pluralité différenciée. Ainsi, cette règle coupe court à toute tentation pour le pouvoir de s'identifier substantiellement au peuple : elle ménage, *a contrario*, un droit de résistance légitime. Si un ou plusieurs individus prétendent légiférer sans avoir reçu mandat du peuple, leurs décisions ne peuvent être légitimes et le peuple n'est pas tenu

XVIIIe siècle, la notion de *société civile* désigne l'État, à la différence de l'usage que nous en faisons aujourd'hui.

1. « *Nobody can give more power than he has himself* » (cette règle est reprise d'un adage romain), Locke, *op. cit.*, p. 163.

2. Locke, *op. cit.*, § 152, p. 169.

3. Locke, *op. cit.*, § 161, p. 131.

de leur obéir[1]. Tout pouvoir qui se prétend absolu ne peut être qu'illégitime, fût-il le pouvoir législatif lui-même.

État et société civile

L'État ne peut donc se poser comme le tout de la société : en ce sens, il exerce un rôle régulateur, mais non constitutif de la société. Le développement de l'État est concomitant de l'émancipation de la sphère privée en société civile. Aux XVIIe et XVIIIe siècles, la systématisation de l'échange économique a renouvelé profondément la sphère privée et l'a restructurée. Comme le dit Habermas, « les activités et les relations d'inter-dépendance, qui étaient jusque là reléguées au sein de l'éco-nomie domestique, franchissent le seuil de la cellule familiale et font leur entrée sur la scène publique »[2]. C'est pourquoi, la notion même d'économie politique apparaît, pour la première fois, chez Montchrestien[3]. La société civile se consolide face à l'État en tant qu'elle délimite clairement par rapport au pouvoir politique un domaine privé, mais en même temps, elle fait de la reproduction de l'existence une affaire d'intérêt public et la libère ainsi des cadres du pouvoir domestique. Le privé ne se confond donc pas avec l'intime et la société civile elle-même ne se réduit pas non plus à la sphère de l'*homo œconomicus*. Cette sphère privée ne signifie pas ici nécessai-rement un repli sur soi. Les Grecs avaient bien vu qu'une vie passée dans l'intimité du foyer, de ce que l'on a à soi (*idion*), est « idiote » par définition. Mais la poursuite des intérêts oblige ici les hommes à communiquer entre eux, à nouer des relations, à s'ouvrir au monde. En un mot, l'échange au sein de la société civile doit être ici considéré comme un phénomène social total. La sphère des échanges économiques peut certes présenter des effets pervers, mais il serait encore plus contes-table de « jeter le bébé avec l'eau du bain » : la généralisation

---

1. Locke, *op. cit.*, § 212, p. 199.
2. Habermas, *L'Espace public*, Paris, Payot, 1978, p. 30.
3. A. de Montchrestien (1576-1621), *Tracté de l'œconomie politique*, 1615.

de l'échange économique a été au principe du développement d'une société ouverte. Prétendre protéger l'homme en réduisant la sphère des échanges revient à instaurer le totalitarisme. En s'émancipant des cadres autoritaires de la famille clanique et tout en débordant largement la sphère politique instituée, les individus se découvrent un champ d'interrelations qui dilate l'espace de leur existence. Aussi, le problème de l'État apparaît bien comme celui de la garantie du droit, mais non plus d'un droit dont il serait lui-même la source, mais de droits revendiqués et conquis pas à pas à partir d'une société civile protéiforme et constamment en devenir. La revendication du droit présente ici un caractère polémogène et vise à faire reconnaître l'exercice de libertés expérimentées au sein de la société civile, à partir des ouvertures sur le monde que celle-ci rend possible. C'est pourquoi, la revendication de droits nouveaux apparaît bien comme la revendication de droits de l'homme. La reconnaissance de ces droits implique des rapports de forces et des compromis : aussi la politique trouve-t-elle ici le moyen de se ressourcer. La tension entre l'État et la société civile ne peut être interprétée comme une antinomie, mais plutôt comme un moyen d'inscrire la stabilité dans le devenir et réciproquement. L'État et la société civile s'articulent ensemble, sans pouvoir se réduire l'un l'autre. En fin de compte, l'État n'est pas une fin en soi, mais un moyen pour que les hommes s'épanouissent dans la vie sociale en poursuivant les fins qu'ils se sont eux-mêmes données. La fin de l'État se trouve en dehors de lui-même et sa puissance n'apparaît légitime que lorsqu'elle contribue à permettre à chacun d'accomplir sa propre puissance, dans le respect des autres. L'État ne trouve donc sa légitimité qu'à reconnaître en son sein la démarcation entre la sphère privée et la sphère publique.

La société civile est surtout le creuset où se forge l'opinion publique qui vient réguler de l'intérieur la vie politique de l'État et l'institution du parlement est là pour en recueillir la voix toujours différenciée. L'opinion publique est l'écho de cette indétermination structurelle de la société civile

qui empêche la volonté générale de se substantialiser. Elle
témoigne également que l'État n'est pas seulement affaire de
voluntas, mais aussi de *ratio* – si l'on entend ici par raison cette
capacité critique que possède l'opinion publique de se rectifier
au cours d'une activité communicationnelle institutionnalisée.
La liberté meurt dès que l'on étatise toute la société, mais pour
être garantie, elle exige un État ou une institution publique. La
liberté politique elle-même n'est pas toute dans l'État, mais il
faut une puissance publique pour qu'elle puisse se faire reconnaître et être régulée institutionnellement. Cependant, cette
dernière ne peut se considérer comme transcendant le reste de
la société : elle est censée représenter les intérêts de la collectivité, dans toute son extension et sa complexité. Parce qu'elle
est la sphère des échanges et des interactions humains, la
société civile est aussi le creuset de l'émergence concrète d'un
bien commun modulable, qui peut venir nuancer ou étayer une
définition trop abstraite du bien public. La détermination d'un
tel bien commun est tributaire de l'émergence d'une puissance
commune capable de s'apparaître à elle-même, au sein même
de la société civile. Que la société civile soit le lieu où se trouve
le pouvoir constituant est une évidence ; pourtant, ce pouvoir
constituant n'y possède qu'une existence phénoménale : seule
l'État lui donnera une réalité institutionnelle ; mais de ce fait,
de pouvoir constituant il devient pouvoir constitué. Il faudrait
donc distinguer entre une puissance publique institutionnalisée et la puissance d'un public non encore institutionnalisé.
Comme le résume Habermas, « la sphère publique politiquement orientée acquiert le statut normatif d'être l'organe
grâce auquel la société bourgeoise se médiatise elle-même à
travers un pouvoir d'État qui répond à ses besoins propres »[1].
Ainsi, la société civile est le lieu originaire où s'enracine et
s'apparaît à elle-même une puissance politique constamment
en formation et qui assume le rôle de pouvoir constituant.
Cette puissance publique en formation ne s'identifie pas néces-

1. Habermas, *L'Espace public*, p. 84.

sairement à la puissance publique institutionnalisée et peut même la contester : elle joue, en tout cas, le rôle de médiation critique entre les aspirations de la société civile et l'État.

L'État moderne est apparu comme le moyen politique de pallier la déstructuration sociale consécutive à l'effondrement du modèle holiste traditionnel de la collectivité et de réguler l'émergence d'un modèle individualiste. Car les relations d'interdépendance sociale peuvent être de plusieurs types. Elles peuvent être le fruit d'un héritage de traditions partagées qui constitue l'âme d'une communauté historique. L'ordre social est alors fondé sur la transmission de valeurs communes assuré par la coutume, considérée comme une seconde nature. Ce type de société holiste peut gérer les conflits sans avoir besoin nécessairement d'un appareil politique spécifique pour assurer le maintien de l'ordre. En revanche, lorsque la personne individuelle est considérée comme l'atome social par excellence, l'ordre social ne va plus de soi et ne peut apparaître que comme le résultat d'une construction artificielle. Le recours à l'État s'est alors avéré nécessaire pour produire la cohésion de la collectivité et en réaliser l'unité. État et société civile vont donc initialement de pair. L'État est une réponse politique à l'émergence d'une société des individus. Le développement de la société civile correspond à l'émancipation de l'individu moderne. Le paradoxe de l'État tient en ce qu'il a été édifié en réponse à la conquête de l'autonomie de l'homme, pour en juguler les abus, mais qu'il est aussi l'expression de cette revendication de l'homme pour se gouverner lui-même. L'État ne peut donc légitimement s'imposer en mettant à mal cette autonomie de l'homme. Bien plus, le dynamisme de la société civile nous révèle que les hommes disposent de capacités associatives insoupçonnées : les individus sont capables d'élaborer eux-mêmes des liens réciproques et des obligations mutuelles, en fonction des divers intérêts et fins qu'ils poursuivent. Dès lors, l'État ne peut prétendre être lui-même constitutif de toute la vie sociale. L'ordre social ne peut être le fruit d'un volontarisme politique abstrait. L'État n'est qu'un ingrédient parmi d'autres dans la régulation d'une vie collective fondée sur l'enchevêtrement des tracés existentiels individuels et l'interaction des groupes sociaux.

CONCLUSION : LE DÉPÉRISSEMENT DE L'ÉTAT

L'État n'a pas toujours existé : certaines collectivités humaines ont pu s'organiser sans l'État et, dans les sociétés disposant d'un espace public, il n'est qu'une configuration parmi d'autres du pouvoir politique. Nul doute que l'État n'existera pas non plus toujours. Les hommes peuvent inventer d'autres formes d'organisation politique des sociétés, en fonction de l'évolution historique de celles-ci. Les marxistes avaient cru lier le dépérissement de l'État au dépassement de l'économie capitaliste et à l'instauration d'une société communiste. L'ironie de l'histoire montre, au contraire, que c'est le développement de la société civile dite « bourgeoise » qui semble provoquer le dépérissement de l'État. Non seulement cette société civile apparaît nécessairement ouverte, mais elle tend à devenir mondiale. Un nouveau « nous » s'impose au delà de la nation. Dès lors, l'État enfermé dans ses frontières ne peut plus masquer les archaïsmes de la logique d'exclusion sur laquelle il a longtemps reposé. Ses prérogatives régaliennes sont rognées et l'idée même d'une souveraineté absolue apparaît obsolète. Nous pouvons aujourd'hui parler d'une citoyenneté transnationale, comme celle qui s'affirme au sein de l'Union européenne. La notion même de citoyenneté est vouée à être redéfinie. Certes, ce n'est que dans le cadre de l'État-nation républicain issu de la révolution française que le statut de citoyen est censé avoir été accordé universellement aux membres de la collectivité. Le citoyen est celui qui est reconnu comme membre actif de l'espace public et qui, à ce titre, exerce une prise sur le pouvoir politique. Mais l'État-nation républicain en est resté longtemps à une définition formelle de la citoyenneté : ainsi le droit de vote des femmes ne fut accordé, en France, qu'à l'issue de la seconde guerre mondiale. Telle qu'elle a été définie au XVIIIᵉ siècle, la citoyenneté se caractérise par son abstraction. Ce statut de citoyen fondé sur un principe d'arrachement vis-à-vis de toutes les caractéristiques historiques, économiques, culturelles, religieuses et sociales ne va pas cependant sans tensions et contradictions. Il faudrait être schizophrène pour soutenir que la citoyenneté doit être totalement séparée des déterminations concrètes de notre existence. L'homme ne peut vivre une citoyenneté heureuse s'il lui faut renoncer à son être-au-monde, car ce serait renoncer à soi-même. Une conception moins étriquée de la citoyenneté passe, par exemple, par la reconnaissance de droits culturels, qui peuvent être ceux d'une région ou d'une tradition librement assumée. La prise en compte de l'enracinement de l'homme dans la société civile ne peut que contribuer à assainir les rapports de l'État avec celle-ci. De même, la possibilité de faire condamner l'État en en appelant à une juridiction européenne témoigne de cette transformation dans la conception de son rôle. Tributaire d'une logique pluraliste des valeurs qui relève d'horizons qui le dépassent, l'État ne peut plus prétendre être à lui seul l'unique source de la législation : il lui faut composer avec un droit dont il n'a pas nécessairement le monopole. Si le XXᵉ siècle a été marqué par le cauchemar des États totalitaires, ce début du XXIᵉ siècle semble ouvrir désormais l'ère des États subsidiaires.

Que l'État-nation puisse s'effacer au profit d'entités politiques plus larges – des autorités supra-étatiques ou transnationales – semble possible, en raison même de l'évolution des sociétés civiles. Mais le problème essentiel n'est pas tant la disparition de l'État au profit d'autres types de configuration politique que celui de sa dépolitisation. Le danger qui menace est bien plus celui de la neutralisation de la politique que celui du dépérissement de l'État. Tout État porte déjà en lui-même le risque de cette neutralisation : sa tendance bureaucratique en

témoigne. Vouloir substituer « l'administration des choses »
au « gouvernement des hommes » constitue la pire des illu-
sions : elle entraîne nécessairement la déperdition de l'expérience politique. La prise que les hommes exercent sur leur
destin, grâce à la politique, disparaîtrait. Mais la tendance
à une telle dépolitisation de l'homme ne trouverait son
expression la plus accomplie qu'avec l'édification d'un État
mondial, prétendument mieux adapté à la globalisation
de l'économie. L'expression même d'État mondial est oxy-
morique : elle constitue une sorte de monstruosité théorique.
Une telle puissance politique mondiale ne pourrait pas
légitimement s'appeler « État », mais équivaudrait plutôt à
l'instauration d'un « empire post-moderne »[1]. Une puissance
qui prétendrait régir entièrement le monde enterrerait d'abord
l'idée même de politique internationale et, par là même, de
droit international. En un mot, ce concept de puissance
mondiale ne connaîtrait plus de politique extérieure au sens
strict, mais prétendrait n'exercer qu'une sorte de politique
exclusivement intérieure sur un monde lissé. En un mot, cette
puissance jouerait le rôle d'un gouvernement biopolitique de
la planète, prenant la forme d'un super-ministère de l'Intérieur
au service de la mondialisation économique. La guerre même
serait présentée comme une simple opération de police. Avec
un prétendu État mondial, la figure de l'Autre qui hantait les
États-souverains, se fragmenterait dans l'indistinction et
disparaîtrait : il n'y aurait plus d'extérieur dans le cadre d'une
homogénéisation mondiale des sociétés et plus d'alternative à
sa logique d'inclusion forcée. Un tel empire post-moderne
correspondrait non seulement à la mort des États, mais également à la disparition de la politique tout court. Une idéologie
moralisatrice se substituerait alors à la politique. Ainsi, la mise
en avant de raisons morales pour procéder, au sein de l'empire
post-moderne, à des opérations de police, viendrait brouiller la
figure de l'adversaire politique : celui-ci ne serait plus reconnu

1. Cf. M. Hardt et A. Negri, *Empire*, Paris, Exils, 2000.

comme tel, mais plutôt comme une sorte de délinquant. Il serait alors tentant de faire croire que l'histoire avec ses contradictions serait terminée. Un État ou empire mondial ne pourrait être que le fossoyeur de la politique et donc de la démocratie. Car la démocratie ne vit que de la pluralité et de son approfondissement, dans un monde multipolaire et multilatéral. L'État est certainement voué à être dépassé, mais non au prix de la politique qui l'innerve : il ne peut être légitimement relayé par des entités plus vastes que si celles-ci ne font pas courir un risque plus grand encore de neutralisation de l'expérience politique des hommes.

TEXTES ET COMMENTAIRES

TEXTE 1

MONTESQUIEU
DE L'ESPRIT DES LOIS, XI, 6

Il y a dans chaque État trois sortes de pouvoirs : la puissance législative, la puissance exécutrice des choses qui dépendent du droit des gens, et la puissance exécutrice de celles qui dépendent du droit civil.

Par la première, le prince ou le magistrat fait des lois pour un temps ou pour toujours, et corrige ou abroge celles qui sont faites. Par la seconde, il fait la paix ou la guerre, envoie ou reçoit des ambassades, établit la sûreté, prévient les invasions. Par la troisième, il punit les crimes, ou juge les différends des particuliers. On appellera cette dernière la puissance de juger, et l'autre simplement la puissance exécutrice de l'État.

La liberté politique dans un citoyen est cette tranquillité d'esprit qui provient de l'opinion que chacun a de sa sûreté ; et pour qu'on ait cette liberté, il faut que le gouvernement soit tel qu'un citoyen ne puisse pas craindre un autre citoyen.

Lorsque, dans la même personne ou le même corps de magistrature, la puissance législative est réunie à la puissance exécutrice, il n'y point de liberté ; parce qu'on peut craindre que le même monarque ou le même sénat ne fasse des lois tyranniques pour les exécuter tyranniquement.

Il n'y a point encore de liberté si la puissance de juger n'est pas séparée de la puissance législative et de l'exécutrice. Si elle était jointe à la puissance législative, le pouvoir sur la vie et la liberté des citoyens serait arbitraire : car le juge serait législateur. Si elle était jointe à la puissance exécutrice, le juge pourrait avoir la force d'un oppresseur.

Tout serait perdu si le même homme, ou le même corps des principaux, ou des nobles, ou du peuple, exerçaient ces trois pouvoirs : celui de faire des lois, celui d'exécuter les résolutions publiques, et celui de juger les crimes ou les différends des particuliers.

(...)

Des trois puissances dont nous avons parlé, celle de juger est en quelque façon nulle. Il n'en reste que deux ; et comme elles ont besoin d'une puissance réglante pour les tempérer, la partie du corps législatif qui est composée de nobles est très propre à produire cet effet.

Le corps des nobles doit être héréditaire. Il l'est premièrement par sa nature ; et d'ailleurs il faut qu'il ait un très grand intérêt à conserver ses prérogatives, odieuses par elles-mêmes, et qui, dans un État libre, doivent toujours être en danger.

Mais, comme une puissance héréditaire pourrait être induite à suivre ses intérêts particuliers et à oublier ceux du peuple, il faut que, dans les choses où l'on a un souverain intérêt à la corrompre, comme dans les lois qui concernent la levée de l'argent, elle n'ait de part à la législation que par sa faculté d'empêcher, et non par sa faculté de statuer.

J'appelle *faculté de statuer*, le droit d'ordonner par soi-même, ou de corriger ce qui a été ordonné par un autre. J'appelle *faculté d'empêcher*, le droit de rendre nulle une résolution prise par quelque autre ; ce qui était la puissance des tribuns de Rome. Et quoique celui qui a la faculté d'empêcher puisse avoir aussi le droit d'approuver, pour lors cette approbation n'est autre chose qu'une déclaration qu'il ne fait point d'usage de sa faculté d'empêcher, et dérive de cette faculté.

La puissance exécutrice doit être entre les mains d'un monarque, parce que cette partie du gouvernement, qui a presque toujours besoin d'une action momentanée, est mieux administrée par un que par plusieurs ; au lieu que ce qui dépend de la puissance législative est souvent mieux ordonné par plusieurs que par un seul.

Que s'il n'y avait point de monarque, et que la puissance exécutrice fût confiée à un certain nombre de personnes tirées du corps législatif, il n'y aurait plus de liberté, parce que les deux puissances seraient unies; les mêmes personnes ayant quelquefois, et pouvant toujours avoir part à l'une et à l'autre.

Si le corps législatif était un temps considérable sans être assemblé, il n'y aurait plus de liberté. Car il arriverait de deux choses l'une: ou qu'il n'y aurait plus de résolution législative, et l'État tomberait dans l'anarchie; ou que ces résolutions seraient prises par la puissance exécutrice, et elle deviendrait absolue.

Il serait inutile que le corps législatif fût toujours assemblé. Cela serait incommode pour les représentants, et d'ailleurs occuperait trop la puissance exécutrice, qui ne penserait point à exécuter, mais à défendre ses prérogatives, et le droit qu'elle a d'exécuter.

De plus, si le corps législatif était continuellement assemblé, il pourrait arriver que l'on ne ferait que suppléer de nouveaux députés à la place de ceux qui mourraient; et, dans ce cas, si le corps législatif était une fois corrompu, le mal serait sans remède. Lorsque divers corps législatifs se succèdent les uns aux autres, le peuple, qui a mauvaise opinion du corps législatif actuel, porte, avec raison, ses espérances sur celui qui viendra après. Mais si c'était toujours le même corps, le peuple, le voyant une fois corrompu, n'espérerait plus rien de ses lois; il deviendrait furieux, ou tomberait dans l'indolence.

Le corps législatif ne doit point s'assembler lui-même; car un corps n'est censé avoir de volonté que lorsqu'il est assemblé; et, s'il ne s'assemblait pas unanimement, on ne saurait dire quelle partie serait véritablement le corps législatif: celle qui serait assemblée, ou celle qui ne le serait pas. Que s'il avait le droit de se proroger lui-même, il pourrait arriver qu'il ne se prorogerait jamais; ce qui serait dangereux dans le cas où il voudrait attenter contre la puissance exécutrice. D'ailleurs, il y a des temps plus convenables les uns que les autres pour l'assemblée du corps législatif : il faut donc que ce soit la puissance exécutrice qui règle le temps de la tenue et de la durée de ces assemblées, par rapport aux circonstances qu'elle connaît.

Si la puissance exécutrice n'a pas le droit d'arrêter les entreprises du corps législatif, celui-ci sera despotique ; car, comme il pourra se donner tout le pouvoir qu'il peut imaginer, il anéantira toutes les autres puissances.

Mais il ne faut pas que la puissance législative ait réciproquement la faculté d'arrêter la puissance exécutrice. Car, l'exécution ayant ses limites par sa nature, il est inutile de la borner ; outre que la puissance exécutrice s'exerce toujours sur des choses momentanées. Et la puissance des tribuns de Rome était vicieuse, en ce qu'elle arrêtait non seulement la législation, mais même l'exécution : ce qui causait de grands maux.

Mais, si, dans un État libre, la puissance législative ne doit pas avoir le droit d'arrêter la puissance exécutrice, elle a droit, et doit avoir la faculté d'examiner de quelle manière les lois qu'elle a faites ont été exécutées ; et c'est l'avantage qu'a ce gouvernement sur celui de Crète et de Lacédémone, où les *Cosmes* et les *Éphores* ne rendaient point compte de leur administration.

Mais, quel que soit cet examen, le corps législatif ne doit point avoir le pouvoir de juger la personne, et par conséquent la conduite de celui qui exécute. Sa personne doit être sacrée, parce qu'étant nécessaire à l'État pour que le corps législatif n'y devienne pas tyrannique, dès le moment qu'il serait accusé, ou jugé, il n'y aurait plus de liberté.

Dans ce cas l'État ne serait point une monarchie, mais une république non libre. Mais comme celui qui exécute ne peut exécuter mal sans avoir des conseillers méchants et qui haïssent les lois comme ministres, quoiqu'elles les favorisent comme hommes, ceux-ci peuvent être recherchés et punis. Et c'est l'avantage de ce gouvernement sur celui de Gnide, où la loi ne permettant point d'appeler en jugement les *amymones*[1], même après leur administration[2], le peuple ne pouvait jamais se faire rendre raison des injustices qu'on lui avait faites.

Quoiqu'en général la puissance de juger ne doive être unie à aucune partie de la législative, cela est sujet à trois exceptions, fondées sur l'intérêt particulier de celui qui doit être jugé.

Les grands sont toujours exposés à l'envie, et s'ils étaient jugés par le peuple, ils pourraient être en danger, et ne jouiraient pas du privilège qu'a le moindre des citoyens, dans un État libre, d'être jugé par ses pairs. Il faut donc que les nobles soient appelés, non pas devant les tribunaux ordinaires de la nation, mais devant cette partie du corps législatif qui est composée de nobles.

Il pourrait arriver que la loi, qui est en même temps clairvoyante et aveugle, serait, en de certains cas, trop rigoureuse. Mais les juges de la nation ne sont, comme nous avons dit, que la bouche qui prononce les paroles de la loi; des êtres inanimés, qui n'en peuvent modérer ni la force ni la rigueur. C'est donc la partie du corps législatif, que nous venons de dire être, dans une autre occasion, un tribunal nécessaire, qui l'est encore dans celle-ci; c'est à son autorité suprême à modérer la loi en faveur de la loi même, en prononçant moins rigoureusement qu'elle.

Il pourrait encore arriver que quelque citoyen, dans les affaires publiques, violerait les droits du peuple, et ferait des crimes que les magistrats établis ne sauraient ou ne voudraient pas punir. Mais, en général, la puissance législative ne peut pas juger; et elle le peut encore moins dans ce cas particulier, où elle représente la partie intéressée, qui est le peuple. Elle ne peut donc être qu'accusatrice. Mais devant qui accusera-

---

1. C'étaient des magistrats que le peuple élisait tous les ans. Voyez Etienne de Byzance.

2. On pouvait accuser les magistrats romains, après leur magistrature. Voyez, dans Denys d'Halicarnasse, liv. XI, l'affaire du tribun Genutius.

t-elle? Ira-t-elle s'abaisser devant les tribunaux de la loi, qui lui sont inférieurs, et d'ailleurs composés de gens qui, étant peuple comme elle, seraient entraînés par l'autorité d'un si grand accusateur? Non, il faut, pour conserver la dignité du peuple et la sûreté du particulier, que la partie législative du peuple accuse devant la partie législative des nobles, laquelle n'a ni les mêmes intérêts qu'elle, ni les mêmes passions.

C'est l'avantage qu'a ce gouvernement sur la plupart des républiques anciennes, où il y avait cet abus, que le peuple était en même temps et juge et accusateur.

La puissance exécutrice, comme nous avons dit, doit prendre part à la législation par sa faculté d'empêcher; sans quoi elle sera bientôt dépouillée de ses prérogatives. Mais si la puissance législative prend part à l'exécution, la puissance exécutrice sera également perdue.

Si le monarque prenait part à la législation par la faculté de statuer, il n'y aurait plus de liberté. Mais, comme il faut pourtant qu'il ait part à la législation pour se défendre, il faut qu'il y prenne part par sa faculté d'empêcher.

Ce qui fut cause que le gouvernement changea à Rome, c'est que le Sénat, qui avait une partie de la puissance exé-cutrice, et les magistrats, qui avaient l'autre, n'avaient pas, comme le peuple, la faculté d'empêcher.

Voici donc la constitution fondamentale du gouvernement dont nous parlons. Le corps législatif y étant composé de deux parties, l'une enchaînera l'autre par sa faculté mutuelle d'empêcher. Toutes les deux seront liées par la puissance exécutrice, qui le sera elle-même par la législative.

Ces trois puissances devraient former un repos ou une inaction. Mais comme, par le mouvement nécessaire des choses, elles sont contraintes d'aller, elles seront forcées d'aller de concert.

COMMENTAIRE

LE RÔLE DU TIERS DANS L'ÉTAT

Que l'État gouverne par la loi ne saurait suffire pour en garantir la légitimité. L'État demeure articulé sur une logique de puissance qui peut contrarier la liberté. Pour que celle-là ne fasse pas obstacle à celle-ci, elle peut d'abord être soumise à une limitation externe, qui se situe dans les prérogatives dont les citoyens disposent vis-à-vis du pouvoir d'État. Les membres d'une collectivité possèdent des droits inaliénables que l'État ne peut que reconnaître, s'il veut se montrer le garant de la liberté. Il s'agit ici de ce qui est généralement appelé « droits de l'homme » : leur détermination s'enracine dans la société civile et reste ouverte. Leur caractère polémogène vient battre en brèche la puissance propre de l'État. Mais si l'État veut contribuer, de manière endogène, au développement de la liberté, encore faut-il qu'il soumette sa structure à une limitation interne de sa puissance, c'est-à-dire qu'en son propre sein, « le pouvoir arrête le pouvoir »[1]. Ainsi, l'État légitime est celui doté d'une constitution qui rend effectivement possible l'épanouissement de la liberté. Dans ce texte, Montesquieu aborde ce problème, en proposant une théorie de la distribution des pouvoirs. Il se sert alors de la constitution

---

1. Montesquieu, *De l'Esprit des lois*, Paris, GF-Flammarion, 1979, XI, 4, I, p. 293.

d'Angleterre comme d'un repère, puisque celle-ci présente
cette spécificité de n'avoir pour objet ni la conquête, ni la
gloire de l'État, mais la liberté des sujets[1]. Selon un préjugé
trop bien ancré, Montesquieu aurait exposé ici une théorie de
l'État fondée sur le principe d'une scrupuleuse séparation des
pouvoirs : législatif, exécutif et judiciaire. Et chacun de s'y
référer comme d'une bible juridique qui pourrait exorciser, par
sa seule invocation, les tentations récurrentes de succomber au
culte de la puissance, considéré comme le péché capital de la
politique. Or, la lecture attentive de ce texte démontre que le
projet de Montesquieu ne consiste pas à faire jouer le droit
contre la politique : il ne s'agit pas pour lui de vider l'État de sa
puissance politique pour garantir la liberté. Opposer puissance
et liberté apparaît plutôt comme une ineptie : la liberté ne peut
s'épanouir dans l'impuissance. La préoccupation fondamentale de Montesquieu apparaît, au contraire, être celle de
l'aménagement de la puissance de l'État. Car Montesquieu a
bien compris que la liberté n'est pas simplement une donnée
immédiate de la conscience intime : elle n'est rendue possible
que par une certaine « disposition des choses », nécessaire
pour favoriser son essor. La liberté est tributaire d'un certain
type d'institutions, mais également de la puissance même du
politique. Le concept de puissance se révèle au centre de la
problématique de Montesquieu. Non seulement, la liberté ne
peut se passer de la puissance politique, mais la puissance de
l'État elle-même s'accroît lorsque celui-ci contribue à la
liberté. C'est à la mise en lumière de ce paradoxe que
Montesquieu s'attache.

Les limites de la lecture juridique du texte de Montesquieu

Il faut souligner d'abord que Montesquieu ne parle pas
en termes de pouvoirs, mais de puissances. En outre, la dis-

---

1. « Il y a aussi une nation dans le monde qui a pour objet direct de sa
constitution la liberté politique. Nous allons examiner les principes sur lesquels
elle la fonde », Montesquieu, *op. cit.*, XI, 5, p. 293.

tinction qu'il opère ne recoupe pas la séparation des pouvoirs à laquelle nous nous référons habituellement, en l'occurrence celle entre le législatif, l'exécutif et le judiciaire. Montesquieu répertorie d'abord trois puissances : la « puissance législative » et deux « puissances exécutrices » : celle qui, d'une part, dépend du droit des gens, et celle qui, d'autre part, renvoie au droit civil. Il précise que la première des trois consiste à promulguer ou à abroger les lois, la seconde à s'occuper de la paix et de la guerre, et la troisième à arbitrer les différends des particuliers, voire à punir leurs exactions. La distinction des puissances législative et exécutrice provient de Locke[1]. Mais lorsque Montesquieu parle de « la puissance exécutrice de l'État », celle-ci ne se réduit pas à ce que nous appelons « le pouvoir exécutif », puisqu'il en fait un pouvoir qui concerne spécifiquement le droit des gens. La différence de vocabulaire est aussi intéressante : Montesquieu parle de « puissance exécutrice » et non de puissance exécutive. C'est Rousseau qui, dans une note de la première version du *Contrat social*, introduira l'usage de cette dernière formule : « Je dis exécutive et législative, non exécutrice ni législatrice, parce que je prends ces mots adjectivement »[2]. Mais les formules « législatrice » et « exécutrice » ont le mérite, chez Montesquieu, de suggérer davantage qu'il s'agit bien de puissances en action, et non de distinctions formelles. Ensuite, Montesquieu précise – dans un langage plus familier pour nous contemporains – que la puissance exécutrice est chargée « d'exécuter les résolutions publiques » : dès lors, les enjeux de la répartition des pouvoirs deviennent clairs et concernent bien la liberté des sujets, au sein de l'État. Il s'agit de prendre des dispositions prophylactiques vis-à-vis de la tyrannie et de faire en sorte que les rapports entre les sujets ne soient plus fondés sur la peur. La concentration monocratique des pouvoirs ne peut que porter

1. Locke, *op. cit.*, XII, § 143-144, p. 158-159.

2. Rousseau, III, 1, dans *Œuvres Complètes*, « Bibliothèque de la Pléiade », Paris, Gallimard, p. 334.

atteinte à la liberté. Dès lors, le préjugé contemporain prétend trouver ici les racines de sa théorie favorite sur la séparation formelle des pouvoirs : l'exécutif avec le roi et ses ministres ; le législatif avec la chambre basse et la chambre haute ; le judiciaire avec ses tribunaux. Chaque pouvoir disposerait d'une sphère propre, aurait une fonction très clairement délimitée, sans interférence possible avec les autres. Ainsi, aucun empiétement de l'un sur les deux autres ne serait tolérable. De plus, aucun des membres d'un organe ne saurait appartenir en même temps à un autre organe. Ces exigences auraient trouvé écho dans la *Déclaration des droits de l'homme et du citoyen* de 1789 : « Toute société dans laquelle la garantie des droits n'est pas assurée, ni la séparation des pouvoirs déterminée, n'a point de constitution »[1]. La Constitution américaine de la fin du siècle et la Constitution française de 1791 elle-même, sans parler de celles de 1795 et de 1848, ont entériné dans leurs attendus et leurs dispositions la séparation des pouvoirs. Ainsi, tout régime qui ne respecterait pas ces deux principes serait voué à l'abus de pouvoir et pourrait être taxé de despotisme, d'absolutisme, etc. En outre, il s'agirait de faire en sorte que la loi devienne le critère exclusif et fondamental. La puissance de l'État se réduirait à l'efficacité de son ordre juridique. D'où une méfiance vis-à-vis de tout ce qui pourrait présenter une puissance. Quant aux différends ou conflits, ils ne seraient plus l'objet d'un traitement politique, mais relèveraient plutôt exclusivement de la sentence du juge. De manière plus générale, il s'agirait de subordonner la politique à l'éthique, non pas prise au sens de la moralité objective, mais au contraire, au sens de la morale subjective dont le puits des valeurs serait la conscience morale intime. Ici, les droits de l'individu ne pourraient être garantis que par un affaiblissement de la puissance de l'État, par une neutralisation de la politique elle-même. Mais une telle interprétation ne respecte pas les textes auxquels elle prétend se

---

1. Déclaration des droits de l'homme et du citoyen de 1789, article 16.

référer : Montesquieu n'est pas le théoricien d'une simple séparation formelle des pouvoirs. Dans le chapitre suivant, il soutiendra même que les trois pouvoirs restent « fondus »[1]. Le souci fondamental de Montesquieu est de répartir la puissance, non de cloisonner des pouvoirs formels, comme si chacun devait administrer une zone définie sans rapport avec les autres. Quoi que certains aient pu dire, il ne peut s'agir ici d'une théorie de la division des pouvoirs. C'est pourquoi, on a pu pointer ici, à juste titre, un « mythe de la séparation des pouvoirs chez Montesquieu »[2].

Le mythe de la séparation des pouvoirs

Ce fut l'audace du juriste Eisenmann de montrer que la fameuse théorie de la séparation des pouvoirs que l'on attribue un peu trop hâtivement à Montesquieu, n'existe pas chez lui. Elle aurait été le fruit de « l'interprétation juriste du XXe siècle »[3] dont Carré de Malberg a été le représentant le plus typique[4]. Ce dernier présentait Montesquieu comme l'auteur d'une théorie de la séparation fonctionnelle de pouvoirs : il s'agirait de composer l'appareil gouvernant d'un Parlement législateur, et rien que législateur, d'un Gouvernement chargé de l'exécution des lois et cantonné dans

1. Montesquieu, *op. cit.*, XI, 7, p. 174.

2. Cf. Althusser, *Montesquieu, la politique et l'histoire*, chap. v, Paris, PUF, 1969.

3. Cf. Eisenmann, « L'Esprit des lois et la séparation des pouvoirs », dans *Mélanges Carré de Malberg*, 1933 ; « La pensée constitutionnelle de Montesquieu », dans *Recueil du bicentenaire de l'Esprit des lois*, Paris, Sirey, 1952 ; « Le système constitutionnel de Montesquieu et le temps présent », dans *Actes du Congrès Montesquieu de Bordeaux de 1955*, Paris, Delmas, 1956.

4. Pour Carré de Malberg, Montesquieu est celui qui aurait mis au jour « dans l'État trois puissances distinctes, dont la réunion ou le faisceau constitue la puissance étatique sociale, mais qui ont un contenu différent et qui, par là même, lui apparaissent comme égales, indépendantes, autonomes, dans leur rapport les unes aux autres », *Contribution à la théorie générale de l'État*, II, 1922, p. 28, Édition Photocopiée du CNRS, 1962, p. 20.

cette seule mission, et enfin de tribunaux uniquement investis du rôle de rendre la justice. Étant entendu qu'aucune de ces trois sortes d'organes ne doit être sous la dépendance des deux autres, c'est-à-dire ni nommée ni révocable par elles, ceci exclurait la responsabilité politique des ministres et même la possibilité de dissolution du Parlement. Selon cette interprétation, Montesquieu offrirait les bases d'une théorie pure de l'État de droit. Or, la lecture attentive du texte de Montesquieu montre que ni l'expression, ni même l'idée d'une «séparation des pouvoirs» n'y apparaissent. Si Montesquieu distingue bien le judiciaire, le législatif et l'exécutif, il s'efforce constamment de souligner l'étroite collaboration qui doit se développer entre eux. Les chevauchements de leurs domaines respectifs s'avèrent, selon lui, nécessaires pour le bon déroulement de leur exercice. Bien plus, l'exécutif empiète sur le législatif puisque le roi dispose d'un droit de veto : la «faculté d'empêcher» fait partie de ses prérogatives. En outre, le législatif peut, dans une certaine mesure, exercer un droit de regard sur l'exécutif, puisqu'il contrôle l'application des lois qu'il a votées. Enfin, le législatif empiète tout à fait sur le judiciaire puisque, dans trois circonstances précises, il s'érige en tribunal. En premier lieu, quand les nobles ont à être jugés, ils le seront par leurs pairs de la chambre haute, car à travers les tribunaux ordinaires de la nation, le peuple pourrait trop facilement assouvir ses haines ou sa vengeance. En second lieu, le législatif disposera de la capacité d'amnistier, puisqu'il faut que la justice se dote d'une certaine souplesse pour être équitable. L'amnistie sera donc à la puissance législative ce qu'est le droit de grâce au prince. Enfin, quand il s'agira d'un procès politique, le tribunal de la chambre haute, qui représente les nobles, se prononcera sur accusation de la chambre basse : cette puissance législative, qui représente le peuple, n'a pas alors à juger, puisqu'elle est partie. La puissance législative apparaît donc elle-même organisée de façon bi-caméraliste. Face à celle-ci, la puissance exécutrice est confiée à un seul homme – le monarque –, parce qu'elle est destinée à décider vite, à agir dans l'instant. Paradoxalement, en plein cœur de ce chapitre, Montesquieu retrouve le problème fondamental du décisionnisme : c'est le monarque qui décide du moment favorable pour que l'assemblée du corps législatif se réunisse. À plusieurs reprises, Montesquieu souligne que la puissance exécutrice se déploie dans le «momentané», doit saisir l'instant décisif. Le monarque serait donc maître du temps, en décidant du moment favorable pour procéder à l'assemblée du corps législatif. Une tout autre lecture que celle des juristes et de Carré de Malberg en particulier s'impose alors : une lecture qui n'a plus rien à voir avec celle d'un Montesquieu chantre de l'État de droit formel. Nous assistons plutôt au retour de ce qui semblait avoir été refoulé : le problème de la puissance politique. Aucune façade juridique ne peut masquer la place irréductible de la politique, dans l'État. Le prétendu juridisme de Montesquieu vole ici en éclats. Ce dernier en vient même à défendre les «prérogatives» de la puissance exécutrice contre le despotisme possible de la puissance législatrice. Bien plus, il relève une nécessaire dissymétrie dans les rapports que les deux puissances peuvent entretenir : la prétendue «balance des pouvoirs» est ici mise à mal, puisque si la puissance exécutrice peut arrêter les entreprises de la puissance législatrice, celle-ci ne peut disposer réciproquement de la faculté d'arrêter la puissance exécutrice : l'exécution «ayant ses limites par sa nature», il serait inutile de la borner juridiquement. Il est donc faux de soutenir que Montesquieu aurait déconstruit la dimension spécifiquement politique de l'État.

La nécessaire combinaison des puissances

Montesquieu envisage clairement la possibilité d'interférences entre les trois puissances. Aussi, Eisenmann considère légitimement qu'il n'y a donc pas de séparation des pouvoirs, mais plutôt combinaison, liaison, voire fusion des pouvoirs. Loin de vouloir maintenir l'État dans les rets du droit, Montesquieu va même jusqu'à dénier toute puissance véritable au pouvoir judiciaire : « Des trois puissances dont nous avons parlé, celle de juger est en quelque façon nulle ». Le juge n'est pour lui qu'« une bouche » : la puissance de juger ne doit être impartie ni à un certain état, ni à une profession. Pour la tranquillité des citoyens, il vaut mieux que la puissance de juger reste « invisible et nulle ». Car craindre les magistrats fait vivre dans la peur qui est au principe du despotisme. Certes, cela ne signifie pas que les jugements soient dépendants des circonstances : ils sont réglés par la loi. Mais alors, la puissance de juger ne peut être « séparée » de la puissance législatrice. Bien plus, Montesquieu excepte du droit, la personne et la conduite de « celui qui exécute », au nom d'une nécessité d'État. Loin de vouloir annihiler la puissance politique, Montesquieu cherche plutôt à la sauvegarder. C'est pourquoi, il propose en fin de compte une théorie originale de l'articulation de trois puissances politiques – comme il le précise clairement à la fin de notre extrait –, qui n'ont plus rien à voir avec celles que l'on répertorie habituellement : le corps législatif, composé de deux parties, renvoie à deux puissances politiques enchaînées ensemble, qui, à leur tour, seront liées à la puissance exécutrice. Dans ce passage, il n'est plus du tout question du pouvoir judiciaire et tout se joue alors entre, d'une part, la puissance législatrice elle-même dédoublée et, d'autre part, la puissance exécutrice. En raison de cette imbrication, ces puissances pourraient risquer de conduire à l'inaction si elles s'équilibraient. Mais Montesquieu tourne le dos à une théorie des « *checks and balance* » : celle-ci demeure encore une théorie de l'inertie politique ! Ce qui anime les puissances, en déséquilibrant leurs rapports, n'est autre, en dernière instance, que le « mouvement nécessaire des choses ». Nul doute que nous retrouvons ici le dynamisme de la « nature des choses » qui loin de conduire à un fixisme historique, rythme plutôt le devenir des sociétés, animé par le développement inégal de leurs contradictions. Au-delà de la question de la séparation juridique des pouvoirs, se situe un problème beaucoup plus profond, qui renvoie à celui du rapport entre les forces politiques toujours en devenir et enracinées dans la «nature des choses». Ces trois puissances sont donc l'exécutif, la chambre haute et la chambre basse, c'est-à-dire en l'occurrence trois réalités politiques incontournables pour l'époque : le roi, la noblesse et le peuple. S'il y a séparation, elle apparaît ici au cœur même de la puissance législative entre le peuple et la noblesse, et reflète le clivage entre leurs intérêts politiques. Le vrai problème est donc celui de la confrontation entre les forces politiques, tout en sachant que la puissance de chacune dépend de son enracinement dans la «nature des choses». L'enjeu est bien celui de leur combinaison possible et des compromis auxquels ces puissances peuvent donner lieu. Montesquieu n'apparaît pas du tout comme un simple tenant du libéralisme constitutionnel, mais comme un théoricien pragmatique des rapports de force en politique. Il met au jour une véritable stratégie d'optimisation de la liberté, en jouant sur les tensions entre les puissances politiques. Dès lors, l'idéal d'un gouvernement modéré ne peut correspondre, chez lui, à une neutralisation de la politique. La modération ne peut être fondée sur une simple séparation des pouvoirs et le respect juridique de la légalité. L'exemple qu'il donne de Venise est symptomatique : «À Venise, le grand conseil a la législation ; le *prégadi*, l'exécution ; les *quaranties*, le pouvoir de juger. Mais le mal est que ces tribunaux différents sont formés par des magistrats du même corps ; ce qui ne fait guère qu'une même puissance »[1]. Nous trouvons bien ici une séparation formelle des pouvoirs entre le grand conseil qui détient la législation, le *prégadi* l'exécution et les *quaranties*, le pouvoir de juger ; mais ces trois pouvoirs pourtant formellement distincts sont ici exercés par des magistrats qui proviennent du même corps, et donc d'une même puissance. Derrière une façade trompeuse, le danger réel est donc bien ici celui de la monopolisation des pouvoirs par une même force politique. Certes,

1. Montesquieu, *op. cit.*, XI, 6, p. 295.

le despote se définit habituellement comme étant celui qui fait fi des lois, mais la tyrannie la plus pernicieuse est bien celle qui se donne l'apparence du droit. La modération authentique, en politique, ne consiste pas dans le simple respect de la légalité formelle, mais repose sur l'établissement de rapports non antagonistes entre des puissances pourtant contradictoires. Le souci de Montesquieu consiste donc d'abord à éliminer toute situation qui hypothéquerait la possibilité d'une telle combinaison. Le premier cas se présente lorsque le pouvoir législatif usurpe les pouvoirs de l'exécutif : il conduit à une sorte de despotisme populiste et la liberté ne peut qu'en pâtir. La place accordée au monarque – en l'occurrence, celui qui, par sa position, insuffle la puissance au pouvoir exécutif – est déterminante pour l'efficacité politique et pour la liberté. Inversement, une monarchie ne peut conserver sa modération si la puissance du roi est telle qu'elle monopolise à la fois l'exécutif et le législatif : ici également la liberté en fait les frais. Ces situations extrêmes supposent toujours une conception monopolistique de la puissance.

Une théorie des media-corps

La clef de la modération – c'est-à-dire la combinaison de forces antagonistes – se trouve dans la place faite aux corps intermédiaires. La «nature des choses» veut, qu'à cette époque, la noblesse puisse assumer un tel rôle. Sa force politique vient du fait qu'elle se trouve dans une position médiane entre les entreprises du roi et celles du peuple. La noblesse apparaît comme le corps politique le mieux à même de mettre le peuple à l'abri des caprices du monarque et inversement d'éviter les excès des passions populaires. Montesquieu établit une articulation étroite entre le principe de représentation et le rôle temporisateur assigné au corps de la noblesse. La puissance législative est ainsi confiée à la fois aux représentants du peuple et au corps des nobles. Aux antipodes de la monarchie absolue où l'on voit un roi combattant les grands, Montesquieu a la nostalgie de la monarchie où le roi était un élu des nobles, pair parmi ses pairs. De même, loin d'être un simple précurseur de la doctrine libérale de l'État représentatif, le type de représentation qu'il propose possède un caractère éminemment paradoxal : celle-ci reste proche des volontés particulières exprimées par chacune des composantes sociales qui l'autorisent, mais de ce fait, elle ne peut pas prétendre incarner spontanément la volonté générale. Cette dernière ne peut s'exprimer que si, en présence de forces aux intérêts contradictoires, l'une d'elles est en mesure de jouer le rôle de médiation, rendant ainsi possible la combinaison entre des puissances antagonistes. En un mot, l'expression de la volonté générale ne peut être ici que le résultat d'un compromis, dont la clef est paradoxalement un corps particulier. Or, ce corps particulier prend le contre-pied du méta-corps royal qui se voudrait absolument souverain : il apparaît plutôt comme un média-corps venant en limiter les prérogatives. Il est le *medium* entre des forces politiques antagonistes. En raison de sa position intermédiaire, cette force politique est la mieux à même de permettre l'émergence d'une conscience réfléchie de l'intérêt général. Dès lors, l'articulation dialectique des puissances permet de limiter le risque d'arbitraire dans lequel peuvent tomber le peuple et le roi. Le rôle joué par la noblesse est le pôle de cristallisation de la prise de conscience d'un bien commun entre les différentes parties prenantes. Dès lors, le problème n'est pas de se demander, de manière réductrice, à l'avantage de qui s'opère ce partage des pouvoirs[1] : ce serait rester encore sur le terrain de la polémique idéologique. La noblesse remplit opportunément ce rôle qui consiste à permettre à des forces sociales opposées de prendre conscience d'une convergence possible de leurs intérêts. Avec la noblesse, la société peut tendre à se représenter comme un tout, même si cette idée ne peut rester ici qu'une idée régulatrice et non constitutive. Montesquieu livre la clef de sa théorie poli-

---

1. Cf. Althusser, *Montesquieu, la politique et l'histoire*, chap. VI.

tique de la modération : la représentation ne se réduit ni au décalque d'une foule atomisée d'individus, ni à l'ostentation d'une volonté souveraine censée incarner le peuple, mais doit arriver à conjuguer des intérêts divergents par le biais d'une force politique médiatrice.

L'existence de media-corps constitue la seule possibilité pour faire pièce à l'arbitraire du pouvoir, tout comme à l'impuissance anarchique de ce que serait une multitude totalement fragmentée. Tant que le peuple lui-même n'est pas organisé en média-corps, il ne peut être politiquement actif et demeure donc livré aux passions. De ce point de vue, Raymond Aron a fait preuve de plus de lucidité qu'Althusser, en discernant dans la théorie de Montesquieu la formulation du principe fondamental de toute société politique : « Quelles que soient les institutions historiquement définies auxquelles il s'est référé, son idée dernière est que l'ordre social est, par essence, hétérogène, et que la liberté a pour condition l'équilibre des puissances »[1]. Il ne peut donc s'agir ni d'un absolutisme à la Hobbes, ni d'un libéralisme à la Benjamin Constant. L'authentique découverte de Montesquieu est de montrer que la représentation de l'intérêt général n'exclut pas celle d'intérêts particuliers, à condition que les forces politiques soient capables de médiatiser leurs contradictions. Cette hypothèse permet de renvoyer dos-à-dos ceux qui font soit du peuple une donnée immédiate, soit du monarque une instance infaillible et irrésistible. Par son caractère relationniste, elle sort d'une problématique de la souveraineté absolue, que ce soit celle d'un peuple mythifié ou d'un monarque déifié. L'expression du bien commun nécessite la présence de tiers dans l'État.

Montesquieu n'élude ni le problème de la représentation, ni le problème du décisionnisme. Cependant, chez lui, ces deux dimensions du politique sont assumées par des instances différentes : le peuple et le roi qui constituent des puis-

---

1. R. Aron, *Les Étapes de la pensée sociologique*, Paris, Gallimard, p. 63.

sances politiques aux intérêts opposés. Mais l'originalité de Montesquieu est de démontrer que ces deux instances ont besoin encore d'une médiation qui joue le rôle de tiers dans l'État et qui est ici exercée circonstanciellement par l'aristocratie. En jouant le rôle de média-corps, cette force politique intermédiaire permet de faire l'économie du recours à un méta-corps du roi qui fonde une conception absolutiste du pouvoir. Montesquieu coupe court à toute conception iconique de la représentation. Celle-ci ne renvoie plus à une hypostase métaphysique propice à une quelconque mystique politique. Seule la présence d'un média-corps politique permettra de faire entendre une voix consonante : celle d'un bien commun qui ne peut être que la résultante de la composition de forces sociales antagonistes. Le bicamérisme préconisé ici – c'est-à-dire le dédoublement de la puissance législative – est lui-même pensé comme une stratégie politique : il s'agit donc non seulement d'accorder de la puissance au législatif, mais de doubler les chambres pour que l'union ne se fasse pas sur le dos des différences et des divergences d'intérêts. Dès lors, le modèle proposé par Montesquieu ne peut être que dynamique : les contradictions ne sont pas gommées, comme par miracle, mais l'expression d'une volonté générale résulte de compromis successifs. La philosophie politique de Montesquieu est fondée sur un principe de disposition de puissances aux intérêts contradictoires et s'emploie à dégager les conditions de possibilité de leur conjugaison. Seul un corps politique médian, doté lui-même de puissance politique, peut réaliser la composition de puissances antagonistes et rendre possible l'expression d'un intérêt commun. Enfin, chaque pôle de pouvoir ne trouve sa puissance que par son enracinement légitime dans la « nature des choses » – cette « nature » n'étant ici jamais brute, mais toujours pétrie de culture. La règle suprême que cette « nature des choses » en mouvement fournit aux combinaisons de puissance n'est autre que l'histoire effective, c'est-à-dire celle des mœurs et des manières.

Conclusion

Le mérite insigne de Montesquieu est de nous montrer les limites du juridisme : pour être légitime, le pouvoir d'État doit être en prise sur la structure sociale, c'est-à-dire exprimer les rapports de force dans la société et trouver les compromis nécessaires pour que ces rapports de force ne mettent pas en péril la collectivité. Contre le volontarisme de Hobbes, Montesquieu établit un lien indéfectible entre le pouvoir et les conditions historiques et sociales des peuples. Les rapports de forces sont la clef d'un équilibre politique en tension et l'État tire sa puissance de leur reconnaissance, plutôt que de leur dénégation. La distinction des pouvoirs n'est donc pas séparable des forces sociales mises en jeu. La question n'est pas de prétendre faire disparaître ces rapports de forces et leurs intérêts divergents – que serait une société sans forces, et donc sans rapports de force ? –, mais de faire en sorte que ceux-ci contribuent à la puissance du tout social. La distinction des pouvoirs renvoie à une confrontation de forces sociales et la liberté dans l'État est tributaire non pas de la réduction de ces antagonismes, mais plutôt de leur aménagement. L'existence de la liberté est conditionnée par la présence de tiers dans l'État. Ici, la noblesse exerce ce rôle médiateur grâce à la puissance dont elle hérite historiquement, même si d'autres forces pourraient également tenir ce rôle à d'autres époques. Parce qu'il constitue une réalité non seulement sociologique mais aussi politique, le corps intermédiaire peut permettre d'allier la puissance et la liberté. Montesquieu n'est pas un penseur de la souveraineté absolue, mais au contraire un penseur du lien et des obligations, en un mot le représentant d'une conception relationniste de l'État et du pouvoir politique. Montesquieu a posé comme axiome que la clef de la liberté n'est pas dans la souveraineté, mais dans la médiation : « Les hommes s'accommodent presque toujours mieux des milieux que des extrémités »[1]. Loin d'être un simple défenseur idéologique de la noblesse, Montesquieu apparaît comme un théoricien du principe du tiers dans l'État : c'est parce que la médiation se présente comme le moyen de produire une puissance régulée que la noblesse joue ici un rôle déterminant, et non pas l'inverse. Dans cette optique, il faut donc reconnaître que l'action de tout État doit elle-même être contrebalancée par des groupes ou associations reconnues qui représentent la société dans sa complexité et contribuent à son équilibre et à sa régulation interne. Il peut s'agir aussi bien d'organisations socio-économiques et syndicales, que de partis ou de mouvements politiques, du « quatrième pouvoir » que représente la presse lorsqu'elle joue un rôle critique, des organisations religieuses et philosophiques, ou des groupes d'intérêts et de pressions quelconques. Ils témoignent de la diversité présente au cœur même de l'unité politique. Pour garantir un dialogue avec ses citoyens, l'État ne peut que reconnaître le rôle des tiers. Même si le pouvoir d'État a pour fin de faire disparaître tout ennemi intérieur, il se doit d'accueillir en son sein la figure de l'adversaire. La confusion du tiers avec un ennemi intérieur serait fatale pour la liberté et conduirait à la mort du corps social. Le refoulement de tout rapport agonistique est symptomatique : les régimes totalitaires du XXe siècle – ceux de Staline ou de Hitler – étaient fondés sur le refus de tout droit d'expression et d'association aux tiers, et sur leur répression sans merci. La diversité n'est pas plus la vie lorsqu'elle demeure sous l'empire de la violence, que l'unité quand elle tend à l'uniformisation de la société. Le système totalitaire mène à une société sclérosée qui n'est plus capable d'être en prise sur l'histoire. Autant l'État démocratique repose nécessairement sur la reconnaissance des tiers, autant le système totalitaire est fondé sur le principe du tiers exclu.

---

1. Montesquieu, *op. cit.*, XI, 6, p. 304.

TEXTE 2

Claude Lefort
L'INVENTION DÉMOCRATIQUE [1]

(...) La société d'Ancien Régime se représentait son unité, son identité comme celle d'un corps – corps qui trouvait sa figuration dans le corps du roi, ou mieux s'identifiait à celui-ci, tandis qu'il s'y rattachait comme à sa tête. Il a été magistralement montré par Ernst Kantorowicz qu'une telle symbolique s'est élaborée au Moyen Âge et qu'elle est d'origine théologico-politique. L'image du corps du roi comme corps double, à la fois mortel et immortel, individuel et collectif, s'est d'abord étayée sur celle du Christ. L'essentiel pour notre propos – je ne saurais en effet analyser les multiples déplacements de la représentation au cours de l'Histoire – l'essentiel, disais-je, c'est que longtemps après que furent effacés les traits de la royauté liturgique, le roi a conservé le pouvoir d'incarner dans son corps la communauté du royaume, désormais investie du sacré, communauté politique, communauté nationale, corps mystique. Nous n'ignorons pas qu'au XVIIIe siècle, cette représentation est largement minée, que de nouveaux modèles de sociabilité s'imposent sous l'effet de l'essor de l'individualisme, du progrès de l'égalité des conditions, dont parle Tocqueville, et du progrès de

1. Cl. Lefort, *L'invention démocratique*, Paris, Fayard, 1994, p. 171-173.

l'administration d'État qui tend à faire apparaître ce dernier comme une entité indépendante, impersonnelle. Mais les changements advenus laissent subsister la notion d'une unité à la fois organique et mystique du royaume, dont le monarque figure à la fois le corps et la tête. On observe même que, paradoxalement la croissance de la mobilité sociale, l'uniformisation des comportements, des mœurs, des opinions, de la réglementation, ont pour effet d'exaspérer plutôt que d'affaiblir la symbolique traditionnelle. L'Ancien Régime est composé d'un nombre infini de petits corps qui procurent aux individus leurs repères identificatoires. Et ces petits corps s'agencent au sein d'un grand corps imaginaire dont le corps du roi fournit la réplique et garantit l'intégrité. La révolution démocratique, longtemps souterraine, explose, quand se trouve détruit le corps du roi, quand tombe la tête du corps politique, quand, du même coup, la corporéité du social se dissout. Alors se produit ce que j'oserais nommer une désincorporation des individus. Phénomène extraordinaire, dont les conséquences paraissent absurdes, monstrueuses aux yeux non seulement des conservateurs, mais de beaucoup de libéraux dans la première moitié du XIXe siècle : ces individus pourraient devenir des unités comptables pour un suffrage universel qui vaudrait à la place de cet universel investi dans le corps politique. L'acharnement mis à combattre l'idée du suffrage universel n'est pas seulement l'indice d'une lutte de classes. Au plus haut point instructive est l'impuissance à penser ce suffrage autrement que comme la dissolution du social. Le péril du nombre, c'est plus que le péril d'une intervention des masses sur la scène politique ; l'idée de nombre comme tel s'oppose à celle de la substance de la société. Le nombre décompose l'unité, anéantit l'identité.

Mais, s'il faut parler d'une désincorporation de l'individu, il faut non moins repérer le dégagement de la société civile hors d'un État, lui-même jusqu'alors consubstantiel au corps du roi. Ou, si l'on veut, repérer l'émergence de rapports sociaux, non seulement économiques, mais juridiques, pédagogiques, scientifiques qui ont leur propre fin; et encore repérer plus précisément la désintrication qui s'opère entre l'instance du pouvoir, l'instance de la loi, l'instance du savoir, dès lors que s'évanouit l'identité du corps politique. La révolution démocratique moderne, nous la reconnaissons au mieux à cette mutation : point de pouvoir lié à un corps. Le pouvoir apparaît comme un lieu vide et ceux qui l'exercent comme de simples mortels qui ne l'occupent que temporairement ou ne sauraient s'y installer que par la force ou par la ruse; point de loi qui puisse se fixer, dont les énoncés ne soient contestables, les fondements susceptibles d'être remis en question; enfin, point de représentation d'un centre et des contours de la société : l'unité ne saurait désormais effacer la division sociale. La démocratie inaugure l'expérience d'une société insaisissable, immaîtrisable, dans laquelle le peuple sera dit souverain, certes, mais où il ne cessera de faire question en son identité, où celle-ci demeurera latente...

COMMENTAIRE

ÉTAT ET DÉMOCRATIE

L'État est censé renvoyer l'image stable et facilement identifiable d'une collectivité humaine. Un peuple se pense comme une unité politique réfléchie à travers l'État. Mais en prétendant incarner l'unité d'une collectivité, l'État transcende ses clivages et ses contradictions internes. Cette logique de représentation risque alors de gommer la diversité qui traverse toute collectivité humaine et de scléroser son devenir. Aussi, en donnant forme à une multitude, tout État semble condamné à rencontrer une aporie fondamentale : comment donner une structure politique institutionnalisée à un peuple sans le trahir ? L'État est voué à être confronté au défi de la démocratie : celle-ci s'attache à garantir l'immanence du pouvoir au peuple, alors que pour celui-là, le peuple ne peut trouver son identité que par son biais. Sans l'État, un peuple ne serait encore qu'une multitude en débandade ; mais lorsque l'État prétend lui donner une unité organique, la multitude peut-elle encore se reconnaître dans cette identité nouvelle qui lui est attribuée ? Alors que la démocratie rêve d'un pouvoir au plus près de la multitude concrète et bigarrée, l'État se réclame d'un peuple qui dote cette dernière d'un corps et d'un visage dans lesquels elle ne se reconnaît pourtant pas nécessairement. Le texte de Claude Lefort souligne cette tension incessante entre la démocratie et l'État, qui fait de celui-ci une réalité politique métastable.

Du roi comme tête au roi comme corps

En quête d'unité et d'identité, la société de l'Ancien Régime a cru les trouver dans l'identification entre le corps politique et celui du roi. La monarchie relève d'une métaphysiologie : Kantorowicz a bien mis en évidence ce problème paradoxal à travers son étude des deux corps du monarque ou de la géméllité royale[1]. Le roi disposerait de deux corps : l'un naturel et ordinaire soumis aux vicissitudes de l'existence ; l'autre surnaturel et symbolique, dépourvu d'enfance, de vieillesse et de toutes les autres faiblesses naturelles, puisqu'il incarnerait le corps du royaume. Ce deuxième corps ou métacorps est appelé *corpus mysticum* : cette notion est héritée de la religion. St-Paul avait inauguré la tradition qui voit l'Église comme le corps du Christ dont ce dernier serait la tête, et nous retrouvons, en 1302, le dogme résumé par Boniface VIII : « Nous devons croire en une seule Sainte Église catholique et apostolique qui représente un seul corps mystique, dont la tête est le Christ, et la tête du Christ est Dieu »[2]. Au départ, cette expression ne désignait que l'hostie consacrée et l'Église continuait d'être appelée *corpus christi*, en accord avec une distinction en vigueur depuis St-Paul. Or, c'est vers le milieu du XIIe siècle que l'expression de *corpus mysticum* va remplacer celle de *corpus christi* et désigner ce à quoi celle-ci référait. En réalité, la transformation du corps du Christ en corps de l'*Ecclesia* n'était elle-même possible que par le biais de l'hostie qui, en nourrissant les âmes des fidèles, leur permettait de s'unir entre eux pour former un corps ecclésial, considéré comme société chrétienne universelle à la fois visible et invisible. Ainsi, un chassé-croisé sémantique s'est produit : le terme paulinien qui désignait, à l'origine, l'Église chrétienne fut utilisé pour l'hostie consacrée, et en revanche, l'expression de *corpus mysticum* désigna dorénavant le corps

1. E. Kantorowicz, *Les Deux Corps du roi*, Paris, Gallimard, 1989.
2. Cité par Kantorowicz, , *op. cit.*, chap. VIII, p. 146.

ecclésial. C'est donc l'expression qui avait, au départ, une signification liturgique et sacramentelle qui a acquis une dimension sociologique. Mais les connotations liées au miracle de la transsubstantiation n'étaient pas éliminées pour autant et taraudaient le nouvel usage accordé à l'expression de *corpus mysticum*, renvoyant désormais au corps institutionnel de l'Église. Vers 1200, Simon de Tournai affirmait que le Christ possédait deux corps : d'une part, le corps matériel et humain qu'il reçut de la vierge et qui fut crucifié, et d'autre part, le corps collégial spirituel, c'est-à-dire le collège ecclésiastique. C'est dans cette interprétation sociologisante que nous trouvons la racine de la théorie des deux corps du roi. Car, la sphère politique s'accapara ensuite de la notion de *corpus mysticum*, tout en la sécularisant. Comme le souligne Kantorowicz : « Le noble concept de *corpus mysticum*, après avoir perdu beaucoup de sa signification transcendantale et après avoir été politisé et sécularisé par l'Église elle-même, devint la proie facile du monde intellectuel des juristes, hommes d'État et savants, qui élaboraient des idéologies nouvelles pour les États territoriaux et séculiers naissants »[1]. Au XIIIe siècle, Vincent de Beauvais utilisa, pour définir le corps politique, l'expression de *corpus rei publicae mysticum* : le « corps mystique de la communauté ». Il s'agit bien ici d'un cas flagrant de transfert – les juristes de l'époque ont pu parler d'*aequiparatio* – à la communauté séculière d'une valeur surnaturelle et transcendantale qui était attribuée normalement à l'Église. Lucas de Penna va dans le même sens : « Et, tout comme les hommes sont unis spirituellement dans le corps spirituel dont la tête est le Christ, … ainsi les hommes sont moralement et politiquement dans la *respublica*, qui est un corps dont la tête est le prince »[2]. Le corps mystique de l'Église, dont la tête est le Christ, est remplacé par le

1. Kantorowicz, *op. cit.*, p. 155.
2. Kantorowicz, *op. cit.*, p. 161.

corps mystique de la *respublica*, dont la tête est désormais le monarque.

Mais la théorie du méta-corps du roi n'y trouve pas encore son compte. Le corps politique vers 1300 n'est pas encore considéré comme une «personne fictive», mais comme un organisme concret. Il n'existe pas indépendamment de ses membres naturels : aussi, n'est-il pas encore, au sens strict, personnifié. L'analogie avec le corps mystique de l'Église n'est établie que dans la mesure où la communauté humaine politique est encore conçue comme un ensemble d'organes vitaux en synergie, dont les «*estats*» sont censés être la meilleure illustration. Certes, cet organicisme postule que la vie du tout dépasse celle des parties et implique donc un certain mystère. Ainsi, le corps politique dont la tête est le roi réclame pour son compte la même perpétuité qui a d'abord été accordée à l'Église, et qui n'a été attribuée ensuite qu'au Saint-Empire. La forte connotation sacramentelle selon laquelle la transformation du pain en nourriture spirituelle des âmes fidèles assure leur union miraculeuse, demeure présente à propos des entités politiques séculières. Comme le remarque Kantorowicz : «L'expression *corpus mysticum*, en dépit de toutes les connotations sociologiques et organicistes qu'elle avait acquises, conserva néanmoins un accent nettement sacramentel, simplement parce que le mot corps rappelait toujours le sacrifice consacré »[1]. Ainsi, le fait que les individus appartenaient à un corps politique renvoyait à des connotations plus mystiques que physiques et favorisait l'impression de mystère émanant de la puissance de la *res publica*, prise comme un tout. Mais dans ce contexte où l'on parle d'un «corps mystique de la communauté», le monarque n'est encore qu'une «tête» et demeure lui-même immergé dans un tout organique dont il reste tributaire. En un mot, le roi

---

1. Kantorowicz, *op. cit.*, p. 152. Cf. également du même auteur, *Mourir pour la patrie*, Paris, PUF, 1984, p. 133.

a beau être une tête, il ne peut encore se penser comme un souverain absolu, puisqu'il ne peut y avoir de tête sans corps.

Pour que le roi puisse être considéré comme représentant lui-même tout le corps politique, c'est-à-dire porteur d'un méta-corps rendant visible l'unité invisible du royaume ou du peuple, il fallait passer à une problématique du corps symbolique. Pour favoriser une telle opération, les légistes ont fait émerger les outils conceptuels adéquats, comme ceux de « personne fictive », ou de « personne mystique », ou encore de « personne morale ». Loin d'être une réalité enracinée organiquement, l'État est alors défini comme une abstraction juridique qui peut être figurée dans la personne du souverain. La notion de *persona ficta* royale a permis de donner à la notion de *corpus mysticum* une dimension fictive et légale. L'idée de *corpus mysticum* est désormais synonyme de *corpus fictum*, *corpus imaginatum*, *corpus repraesentum*, et définit la personne légale ou l'institution. Le souverain n'est plus alors considéré comme la tête d'un corps organique dont les membres seraient l'ensemble des sujets du royaume, mais comme représentant dans sa personne même, grâce à son méta-corps, le corps politique qui suppose désormais une construction institutionnelle. Le passage d'une vision organiciste à une conception mécaniste et artificialiste de l'État s'avère lié à cette transformation : cette problématique culmine chez Hobbes. Ce n'est pas un hasard si la notion de personnalité morale joue un rôle central chez ce dernier et passera ensuite chez Pufendorf[1]. Les êtres moraux sont censés se former par institution (*impositio*). Selon Pufendorf, la notion de personne morale peut s'appliquer à un individu s'il exerce une fonction prééminente dans la société. Ainsi, dans

---

1. Pufendorf, *Droit de la nature et des gens*, I, chap. 1 : « De l'origine des Êtres moraux et de leurs différentes sortes ». Sur ce problème, cf. R. Derathé, *Jean-Jacques Rousseau et la science politique de son temps*, *La notion de personnalité morale et la théorie des êtres moraux*, Paris, Vrin, 1970, p. 397-410.

une monarchie, le souverain d'un État sera considéré comme une personne morale simple, alors que dans une aristocratie ou une démocratie, le pouvoir souverain qui relève alors d'une assemblée sera considéré comme une personne morale composée. L'État lui-même apparaît ici comme la plus puissante de toutes les personnes morales. Chez Hobbes, une société véritable ne peut être confondue avec une simple multitude d'individus, car elle possède une unité dont celle-ci se montre dépourvue et peut ainsi agir comme une seule personne dotée d'une seule volonté. Pour lui, la personne civile qu'est l'État ne peut être qu'artificielle : elle n'existe qu'à condition d'être représentée par le souverain – monarque ou assemblée. Le souverain est donc bien « *persona repraesentativa* » : « Le dépositaire de cette personnalité est appelé souverain, et l'on dit qu'il possède le pouvoir souverain »[1]. C'est le pacte qui confère la personnalité civile à l'État en instituant le pouvoir souverain, mais la personne représentative du souverain absorbe toute la personnalité de l'État. Ici le peuple se confond – à l'opposé de la multitude – avec l'État, mais l'État lui-même n'existe que par le moyen d'une personne représentative qui agit en son nom. Cette transformation, dans le cadre de la monarchie absolue, implique la perte d'autorité des « *estats* ». Il ne s'agit plus de penser le roi comme exerçant le rôle d'un organe éminent – en l'occurrence, une tête – dans un corps plus vaste, lui-même disposant d'autres organes sophistiqués comme les « *estats* », mais de considérer le souverain comme représentant le corps politique en personne et les sujets comme voués à ne constituer qu'une multitude atomisée. Ce principe de représentation apparaît même comme l'une des conditions de la souveraineté absolue : tant que le roi ne pouvait se penser que comme la tête d'un organisme, il demeurait tributaire étroitement des autres organes de ce corps ; en revanche, dès le moment où il peut représenter lui-même le corps politique tout entier, il

1. Hobbes, *op. cit.*, XVII, p. 178.

s'affranchit de toute dépendance et acquiert sa souveraineté. Ce principe de représentation ne fait pas disparaître l'aura mystérieuse qui nimbait la notion de *corpus mysticum* : elle se cristallise au contraire dans le méta-corps royal. Mais dans le cadre d'une conception mécaniste du corps politique, cet effet de transcendance peut lui-même être le produit de l'art. Nous passons alors de la sacralité à la majesté du corps royal. Le moyen privilégié pour magnifier le corps royal n'est plus la religion – puisque le membre de la communauté n'est plus le fidèle, mais le sujet –, mais relève d'activités profanes comme le droit ou même les beaux-arts. Le corps du roi apparaît comme une mise en abyme du corps politique qu'il représente. Il est alors une sorte de miroir convexe qui fait office d'image iconique du corps du peuple. Dès lors, l'autel fait place à la mise en scène, la liturgie fait place au cérémonial, la dévotion fait place à l'éblouissement, l'Église fait place au palais. Avec Louis XIV, ce changement de perspective apparaît parti-culièrement sensible : jamais encore le pouvoir de l'art n'avait été jusqu'ici autant mobilisé pour rendre compte de la majesté du roi[1]. Au XVIIIe siècle, l'emblème du soleil se substitue à celui du Phœnix qui connotait, au XIIIe siècle, la résurrection du Christ. Ainsi, Le Vau, Le Nôtre et Le Brun sont devenus les metteurs en scène de la splendeur du roi. Il s'agit de repré-senter une abstraction : la Couronne ; mais en même temps de renforcer, de valoriser, d'intensifier la présence de cette repré-sentation dont la personne royale est le support. L'art pictural – celui de Hyacinthe Rigaud, par exemple, dans son tableau célèbre : *Louis XIV en habits de sacre* – va tenter de réaliser cette synthèse dignificatrice de la présence et de la repré-sentation, puisque dans la monarchie, la représentation est nécessairement en même temps une présentation de soi. L'art valorise le support physique de la personne royale qu'est son corps, pour le montrer digne de représenter la puissance abstraite de la Couronne, qui semble alors descendre dans la

---

1. Cf. L. Marin, *Le Portrait du roi*, Paris, Éditions de Minuit, 1981.

personne du roi, en même temps que celle-ci s'élève à un degré suprême de sublimation. La rationalisation de l'État opérée par le principe de représentation n'est encore ici qu'une sécularisation du caractère sacré de la puissance.

La nécessaire désincorporation du peuple

Nous ne sortons pas ici d'une conception mystique et mystificatrice de la représentation qui, dans la monarchie, apparaît poussée à son paroxysme. Elle repose sur l'idée métaphysique que la représentation possède en elle-même une force ontologisante capable de fournir au représentant plus de réalité qu'il n'en dispose dans son existence prosaïque[1]. Dès lors, la vie de l'État lui-même, victime de cette propension à la luxuriance ontologique, semble être livrée à la superstition de la transcendance. La monarchie fait de l'État une idole, dénaturant le projet humaniste dont il est issu. Seule la démocratie apparaît comme le moyen thérapeutique pour éviter ce genre de dérive. Encore faut-il désensorceller les concepts politiques, et en particulier celui de peuple. Le peuple hante constamment toute activité politique, mais la plupart du temps il n'est conçu que comme une abstraction hypostasiée. L'enjeu de la démocratie est celui de la désincorporation de la société, qui redonne ses droits à la multitude. Cette désincorporation n'est possible qu'à partir d'une analyse critique de la notion de peuple et corollairement de la représentation. Dans l'État démocratique, la notion de peuple n'est plus qu'un être de raison qui ne peut avoir qu'une valeur opératoire et ne peut être confondu avec une substance mystérieuse. Rousseau lui-même avait insisté sur ce point, en nous invitant fermement à regarder « la personne morale qui constitue l'État comme un être de raison, parce que ce n'est pas un homme »[2]. C'est justement parce que l'État lui-même n'est qu'un être de raison

1. Sur ce problème, cf. Gadamer, *Vérité et méthode*, Paris, Seuil, 1976, p. 159-161.
2. Rousseau, *Du Contrat Social*, I, 7, p. 59.

– c'est-à-dire un outil conceptuel, et donc tout le contraire
d'une réalité substantielle – qu'il est absolument illégitime
de prétendre qu'un homme puisse, à lui seul, prétendre représenter le peuple. Si c'est bien à Hobbes et à Pufendorf que
Rousseau emprunte la notion de personnalité morale, il nie que
cette notion puisse s'appliquer à un individu[1]. Dans un État
démocratique, le lieu du pouvoir qui s'exerce « au nom du
peuple » ne peut être que « vide » et inappropriable. En se
référant au peuple, la démocratie veut surtout signifier que le
lieu du pouvoir demeure impossible à occuper, si ce n'est par
imposture. Ainsi, le pouvoir est toujours posé comme écart
– toujours en porte-à-faux – puisqu'il se pense nécessairement
du point de vue d'un ailleurs : le représentant ne peut apparaître que comme l'occupant précaire d'une charge dont il
n'est jamais le vrai titulaire. Alors que celui-ci semble
s'efforcer d'en combler le vide, la place du pouvoir demeure
nécessairement vacante. Plutôt que d'affubler la représentation de propriétés ontologisantes, la démocratie tend à déréa-
liser la représentation : « La démocratie est le seul régime à
signifier l'écart du symbolique et du réel »[2]. Il ne s'agit plus ici
de prendre le symbolique pour la réalité, mais au contraire, de
rappeler que le symbolique ne peut s'identifier avec le réel, à
moins de régresser dans le mythe. En voulant éliminer du
pouvoir toute tentation de prétendre incarner et hypostasier le
peuple, la démocratie fait de la multitude le véritable acteur
politique et de ses représentants de simples mandataires
dépendants et subordonnés.

La démocratie est bien la première société à ne plus faire
corps avec elle-même, puisque plus personne ne peut prétendre avec elle incarner la puissance publique. Et c'est de

---

1. « Le souverain n'est par sa nature qu'une personne morale, qu'il n'a
qu'une existence abstraite et collective, et que l'idée qu'on attache à ce mot ne
peut être unie à celle d'un simple individu », Rousseau, *Manuscrit de Genève*, I,
4, dans *Œuvres complètes, op. cit.*, p. 294-295.

2. Cl. Lefort, *Essais sur la politique*, Paris, Seuil, 1986, p. 268.

cette impuissance que les pouvoirs publics tirent, en fin de compte, leur force et leur légitimité. Dans une société ouverte, la démocratie opère l'ironie de la représentation iconique, parce que le peuple s'y produit sans cesse autre que lui-même et qu'il ne se satisfait pas d'une quelconque identité collective fixe : celle-ci est toujours différée. C'est bien au symbole d'un peuple un et souverain que la société démocratique se réfère pour se penser comme sujette d'elle-même, mais cette identité est posée comme étant fondamentalement inactualisable, toujours en devenir. À l'opposé de la monarchie, l'État démocratique interdit à l'image d'un peuple uni de prendre corps. Parce qu'elle ne coïncide jamais totalement avec elle-même, la démocratie apparaît comme une société qui n'en finit jamais de s'instituer. En prise constante sur l'historicité de la société, la démocratie fait donc de l'État lui-même un moyen pour réguler ce devenir, et non une fin en soi fixant un *statu quo* à réaliser. La démocratie est donc le seul régime qui rend possible l'articulation de l'État et de la société civile, sans pour autant occulter les tensions qui traversent une collectivité. Alors que l'État se veut une manière d'être stable, symbole de la permanence institutionnelle, la société civile apparaît, en revanche, source incessante de conflits d'intérêts qui s'expriment en revendications publiques multiformes et hétérogènes. Alors que l'État est un anti-chaos, la démocratie ménage donc une place fondamentale aux ferments de division qui tiraillent une société. En prétendant faire œuvre d'homogénéisation, l'État se heurte aux résistances de la puissance de diversification concrète de la société civile. L'État démocratique apparaît nécessairement comme un système métastable qui n'est jamais en mesure d'effectuer la totalisation de lui-même. La démocratie vit de l'indétermination de la notion de Peuple : celle-ci reste un terme général qui demeure incomplet, insaturé. Comme l'avait remarqué Frege, ce dernier ne dénote rien directement : « Qu'on prenne pour exemple « la volonté du peuple », on montrerait aisément que cette expression n'a pour le moins aucune dénotation généralement acceptée »[1]. Le terme de peuple possède un sens, mais pas de référence. Or, le sens politique de la notion de peuple est lié à cette indétermination même. Celle-ci empêche toute clôture de la société sur elle-même. La démocratie nous place devant le paradoxe d'une représentation constamment sur la sellette, puisque la perception qu'ont les membres de leur collectivité est elle-même en perpétuelle mutation. Le suffrage universel apparaît alors comme l'institutionnalisation de cette unité conflictuelle qui taraude la démocratie : c'est par son truchement que « la société combine dans la même représentation (au sens politique comme au sens cognitif du terme) l'image de son unité et celle de sa division »[2]. La démocratie est ce type spécifique de régime où la conversion du multiple laisse nécessairement une impression d'inachevé. À défaut d'une unité entretenant l'illusion de l'unanimité, la démocratie vise la manifestation d'une majorité, toujours mouvante et modifiable.

Démocratie et pouvoir constituant

La liberté dans l'État passe par ce que Claude Lefort appelle « la désincorporation des individus » et celle-ci se traduit dans la pratique du suffrage universel. Cette désincorporation opérée par la « révolution démocratique » ne signifie pourtant pas une atomisation des individus, au point d'en revenir à la *multitudo soluta* de Hobbes. Une telle régression sonnerait le glas de l'activité politique et le modèle de l'État libéral défendu par Benjamin Constant[3] en fournit une illustration symptomatique. Il s'agit, au contraire, de voir que la société civile est aussi le lieu du ressourcement de l'activité

1. Frege, « Sens et dénotation », dans *Écrits logiques et philosophiques*, « Points-Essais », Paris, Seuil, p. 117.

2. Cl. Lefort, *L'Invention démocratique*, p. 151.

3. B. Constant, « De la liberté des anciens comparée à celle des modernes », dans *Écrits politiques*, Paris, Gallimard, p. 615-616.

politique, en dehors des formes institutionnelles que lui donne l'État. La démocratie se présente comme un pouvoir constituant qui ne se laisse pas absorber par les pouvoirs constitués, mais qui entretient sciemment un hiatus salutaire entre ces deux types de pouvoirs. Elle témoigne de la précellence de la politique sur l'État. Elle permet de comprendre que l'activité politique est d'abord une réalité phénoménale, avant d'être une réalité institutionnelle. C'est en effet en s'associant que les hommes peuvent faire l'expérience de la puissance politique, même si l'État est censé représenter institutionnellement celle-ci. La désincorporation des individus ne signifie pas la décomposition de la société, mais au contraire la libération des énergies et des capacités associatives de ses membres qui conduit alors à une expérience nouvelle de la citoyenneté. Car la citoyenneté n'exclut pas la possibilité de la désobéissance. Aristote reconnaissait déjà que l'homme vertueux ne peut être un bon citoyen que dans un bon État. Quant à John Locke, il avait fait du droit de résistance une prérogative légitime. C'est Thoreau – personnage emblématique pour avoir refusé de payer l'impôt à un gouvernement qui faisait la guerre contre le Mexique – qui donna consistance à l'expression de « désobéissance civile » dans notre vocabulaire politique[1]. Hannah Arendt reconnaît, à juste titre, que cette désobéissance civile est légitime lorsqu'elle est le fait d'hommes regroupés ensemble ou de membres d'une association : non seulement, elle relève alors de décisions communes pour poursuivre un intérêt commun – et non celui d'un individu isolé –, mais elle révèle en même temps le goût pour l'action qui les anime : « Leur action concertée procède de leur commun accord qui confère à leurs opinions une certaine valeur et les rend convaincantes indépendamment de la façon dont elles se sont formées à l'origine »[2]. Arendt

---

1. H. D. Thoreau, *La désobéissance civile*, Paris, Mille et une nuits-Fayard, 1996.

2. H. Arendt, *Du Mensonge à la violence*, Paris, Calmann-Lévy, 1972, p. 58.

reconnaît alors que ce type d'action prend un caractère politique et témoigne d'un esprit citoyen, alors que lorsqu'il s'agit d'une attitude puisant sa force uniquement dans la solitude du for intérieur, celle-là n'est encore que morale. La conscience morale, au sens strict, ne nous indique pas vraiment ce que nous devons faire, mais prescrit plutôt ce que nous ne devons pas faire. Elle n'énonce pas de principes d'action politique, mais fixe plutôt les limites que nos actes ne doivent pas franchir. En revanche, le goût pour l'association, en vue de contester une décision institutionnelle ou de défendre un droit, apparaît comme une action politique, au sens fort du terme, et repose alors sur une opinion dont la qualité est fondée sur la discussion. Comme l'affirmait Tocqueville : « Sitôt que plusieurs des habitants des États-Unis ont conçu un sentiment ou une idée qu'ils veulent produire dans le monde, ils se cherchent et, quand ils se sont trouvés, ils s'unissent. Dès lors, ce ne sont plus des hommes isolés, mais une puissance qu'on voit de loin, et dont les actions servent d'exemple ; qui parle, et qu'on écoute »[1]. Tocqueville pointe ici une forme d'activité politique donnant lieu à une expérience phénoménale de la puissance publique, sans que celle-ci se confonde avec la puissance institutionnalisée du public – représentée par l'État – mais qui peut, au contraire, lui faire pièce. L'action associative ouvre un véritable espace où les uns se manifestent aux autres et où prend déjà forme une puissance publique. Le problème de la désobéissance civile peut être perçu comme le symptôme révélateur du pouvoir constituant détenu par les citoyens. Comme le faisait remarquer Burdeau, « La puissance que recèle le pouvoir constituant est rebelle à une intégration totale dans un système hiérarchisé de normes et de compétences…Toujours le pouvoir constituant demeure étranger

---

1. A. de Tocqueville, *De la Démocratie en Amérique*, II, chap. 4 : « De l'usage que les Américains font de l'association dans la vie civile », Paris, GF-Flammarion, 1981, p. 141.

au droit »[1]. Le pouvoir constituant ne s'épuise jamais dans le pouvoir constitué. Si les citoyens s'accomplissent dans la représentation, ils demeurent néanmoins marqués par la place et le rôle qu'ils occupent dans la société civile. Leur identité ne peut se réduire à une abstraction, parce que tout citoyen dispose d'un être-au-monde sur lequel s'articule le pouvoir constituant. La représentation politique ne peut elle-même l'ignorer et se prétendre auto-référentielle ou autotélique, sinon les citoyens apparaissent dépossédés de leur puissance réelle et condamnés à jouer le rôle de figurants. En fin de compte, quoi qu'en pense Rousseau sur ce point, la volonté générale ne peut faire taire la volonté de tous. En se prononçant contre l'existence de sociétés partielles et en invitant le citoyen à se replier sur lui-même[2], Rousseau favorise plutôt l'atomisation des citoyens et les condamne à l'impuissance. Rousseau tourne alors le dos à toute activité communicationnelle différenciée, pourtant au principe même de la démocratie. Attaché à une conception unanimiste du pacte social et même de la volonté générale[3], il n'a pas pu ni su reconnaître la place des media-corps et le rôle du tiers dans l'État.

L'activité démocratique révèle qu'une société humaine n'est pas constituée par un peuple abstrait doté d'une réalité mystérieuse, surplombant des individus concrets multiples et divers, engagés dans des vies enchevêtrées. L'entité peuple ne peut venir se substituer à la réalité protéiforme de ces hommes qui unissent leurs efforts, au delà de leurs divergences, pour faire reconnaître la légitimité de certains intérêts communs dépassant leur stricte individualité égoïste. La communauté des citoyens ne saurait être définie à partir d'un étatisme abstrait, faisant rentrer ceux-ci dans un nouveau lit de

1. G. Burdeau, *Traité de sciences politiques*, t. IV, p. 171.

2. « Il importe donc pour avoir bien l'énoncé de la volonté générale qu'il n'y ait pas de société partielle dans l'État et que chaque citoyen n'opine que d'après lui-même », Rousseau, *op. cit.*, II, 3, p. 69.

3. « Plus les avis approchent de l'unanimité, plus aussi la volonté générale est dominante », Rousseau, *op. cit.*, IV, 2, p. 145.

Procuste. Certes, la prise en compte de notre être-au-monde implique la reconnaissance de conflits d'intérêts, mais elle va de pair également avec la prise de conscience de nouvelles solidarités et obligations mutuelles. En prenant en considération l'homme concret dans le citoyen, la dynamique même de l'État peut être sauvée. Une démocratie sans pouvoirs constitués ne peut être qu'un leurre : elle entraînerait une régression de l'institutionnel vers le mirage d'un peuple immédiatement sensible à lui-même, livré à ses humeurs dans une sorte de magma fusionnel. Elle correspondrait à un renoncement à la représentation et, plus profondément, à l'activité symbolique de l'homme qui seule nous permet de nous distancier du réel pour mieux le maîtriser. En revanche, un État sans démocratie est voué à n'être plus qu'une étrange entité sclérosée et à entretenir le culte aliénant d'abstractions réifiées et mythifiées. L'État ne peut assurer sa légitimité qu'en demeurant en prise sur le devenir historique, qu'en s'exposant lui-même au débat politique, plutôt qu'en prétendant s'en abstraire. Les prérogatives de l'État ne peuvent constituer un sujet tabou et échapper à la discussion politique. Seule la démocratie permet de démythifier la puissance de l'État, afin de lui rendre sa dimension humaine.

TABLE DES MATIÈRES

L'ÉTAT DÉMYTHIFIÉ

TEXTES ET COMMENTAIRES

Imprimerie de la Manutention à Mayenne – Septembre 2004 – N° 281-04
Dépôt légal : 3ᵉ trimestre 2004

Imprimé en France